英语专业系列教材

U0365860

ENGLISH PRONUNCIATION: A PRACTICAL COURSE

实用英语语音教程

曲家丹 编著

清华大学出版社
北 京

内 容 简 介

本书以认知语言学为理论依据，将48个英语音素放到近500个音节中供学习者反复练习，对英语语音进行定位。学习者通过学习不同的发音技巧，在单词、词组、句子、段落和对话中进行综合练习，形成英语发音的口腔肌肉运动模式，固化英语语音的发音方式。本书另配有相关音频和APP（适用于安卓系统），可供学习者进行模仿练习和扩展练习。读者可登录http://www.sdepps.com/en.apk下载APP。

本书可作为高校英语专业的语音课教材，也可作为有一定英语基础的英语爱好者的自学教材。

图书在版编目（CIP）数据

实用英语语音教程 / 曲家丹编著. —北京：清华大学出版社，2019（2022.8重印）
ISBN 978-7-302-49171-2
（英语专业系列教材）

Ⅰ.①实… Ⅱ.①曲… Ⅲ.①英语-语音-教材 Ⅳ.①H311

中国版本图书馆CIP数据核字（2017）第318571号

责任编辑：徐博文
封面设计：子　一
责任校对：王凤芝
责任印制：刘海龙

出版发行：清华大学出版社
网　　　址：http:// www. tup. com. cn，http:// www. wqbook. com
地　　　址：北京清华大学学研大厦A座　　　　　　邮　　编：100084
社 总 机：010-83470000　　　　　　　　　　　邮　　购：010-62786544
投稿与读者服务：010-62776969, c-service@tup.tsinghua.edu.cn
质量反馈：010-62772015, zhiliang@tup.tsinghua.edu.cn
印 装 者：三河市国英印务有限公司
经　　　销：全国新华书店
开　　　本：170mm×230mm　　　印　　张：12.5　　　字　　数：215千字
版　　　次：2019年2月第1版　　　　　　　　印　　次：2022年8月第4次印刷
定　　　价：69.00元

产品编号：077968-02

前 言 Preface

　　本教材以《高等学校英语专业英语教学大纲》为编写指导，实行以学生为中心的教学模式和以学生反复练习为主的学习模式。本教材没有大量的发音描述和解释，将音素置于音节里，使学生能够在尽可能短的练习过程中掌握英语发音，将每个音都固化到头脑当中，并形成英语发音的口腔肌肉运动模式，最后能够准确、自然地发音并表达自己的思想。

理论依据

　　本教材的理论依据是认知语言学。认知语言学认为每一个音都是一个范畴，在一个范畴之内能够被识别的都是准确的发音。音与音不是简单地结合，而是整合在一起。语言的基本单位不是音素，而是音节。音节中的每一个音都会受到相邻音的影响。在发音过程中，音节中的每个音素都要相互顺应，从而使音节成为一个整体。

教学理念

　　A. 定位。 发音不是只用到某个发音器官，而是多个发音器官或同时，或有先后顺序地运动。在这些发音器官相互协作的过程中，任何一个发音器官出现位置或形态上的偏差，都会影响发音。所以在学习发音时，对每个音进行定位非常重要。由于音素不是言语的基本单位，相邻音会互相影响，所以一定要把音放在所有音节里进行定位练习。这样也可以加强这个音的抗干扰性，以达到定位的目的。

　　B. 定型。 定位一个音以后，对应的口腔肌肉运动模式还没有形成。因此，除了在音节内，还应在单词、词组、短句和句子中进行大量的练习。发音练习要从单音节单词开始，然后是双音节、多音节单词，并涉及不完全爆破、连读、强读与弱读、语调等。这些发音规则在汉语中或者没有，或者有不同点，这是一个循序渐进的练习过程。

C. 固化。固化练习主要训练英语的口腔肌肉模式，练习时要划分语块（chunk），标注语块内的不完全爆破、连读、弱读和语调等，熟读语块，再将语块串成句子直至段落（几乎所有的英语发音特点都会在段落中体现出来）。只有这样，学生才能真正理解什么是英语发音。

教材使用

第一部分主要介绍英语语音的基础知识、英语语音的重要性、发音器官的位置和英语语音的学习方法等。

第二部分主要介绍英语元音和辅音，包括英语 48 个音素的发音描述、练习、发音与拼写。每个练习的第 1、2 题是定位练习，其他的是定型练习，先定位后定型。

第三部分主要介绍快速连贯语流中的英语语音，包括失爆和不完全爆破、连读和省音。

第四部分介绍语境中的英语语音，包括重音、强读和弱读、语调。在这部分，定位和定型练习要同时进行。

第五部分介绍段落与对话中的英语语音，并在段落和对话中练习英语语音和语调。学生需要了解语块的划分，训练各种语块内的发音技巧以达到巩固发音的效果。

下面为元音的教学样例，每个音的练习形式不一样，样例仅供参考。

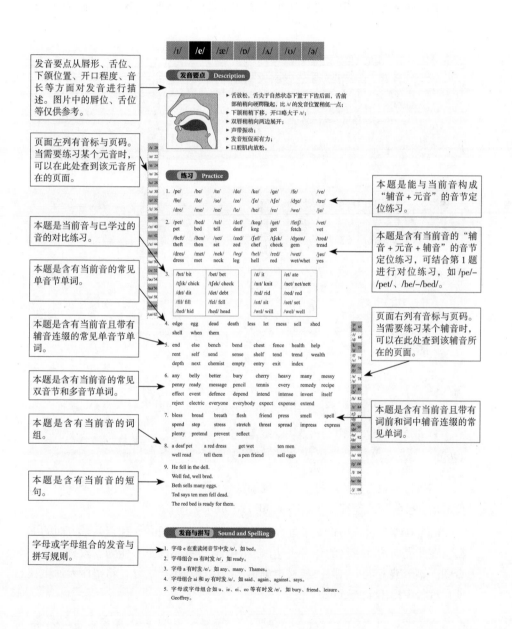

发音要点从唇形、舌位、下颌位置、开口程度、音长等方面对发音进行描述。图片中的唇形、舌位等仅供参考。

页面左列有音标与页码。当需要练习某个元音时，可以在此处查到该元音所在的页面。

本题是当前音与已学过的音的对比练习。

本题是含有当前音的常见单音节单词。

本题是含有当前音且带有辅音连缀的常见单音节单词。

本题是含有当前音的常见双音节和多音节单词。

本题是含有当前音的词组。

本题是含有当前音的短句。

字母或字母组合的发音与拼写规则。

/ɪ/ /e/ /æ/ /ɒ/ /ʌ/ /ʊ/ /ə/

发音要点 Description

▸ 舌放松，舌尖自然状态下置于下齿后面，舌前部稍向硬腭隆起，比 /ɪ/ 的发音位置稍低一点；
▸ 下颌稍下移，开口略大于 /ɪ/；
▸ 双唇稍向两边展开；
▸ 声带振动；
▸ 发音短促而有力；
▸ 口腔肌肉放松。

练习 Practice

1. /peɪ/ /beɪ/ /teɪ/ /deɪ/ /keɪ/ /geɪ/ /feɪ/ /veɪ/
   /θeɪ/ /ðeɪ/ /seɪ/ /zeɪ/ /ʃeɪ/ /tʃeɪ/ /dʒeɪ/ /treɪ/
   /dreɪ/ /meɪ/ /neɪ/ /heɪ/ /reɪ/ /weɪ/ /jeɪ/

2. /peɪ/ /beɪ/ /teɪ/ /deɪ/ /keɪ/ /geɪ/ /feɪ/ /veɪ/
   pet bed tell deaf keg get fetch vet
   /θeɪ/ /ðeɪ/ /seɪ/ /zeɪ/ /ʃeɪ/ /tʃeɪ/ /dʒeɪ/ /treɪ/
   theft then set zed chef check gem tread
   /dreɪ/ /meɪ/ /neɪ/ /heɪ/ /reɪ/ /weɪ/ /jeɪ/
   dress met neck leg hell red wet/whet yes

3. | /bɪt/ bit | /bet/ bet | | /ɪt/ it | /et/ ate |
/tʃɪk/ chick	/tʃek/ check		/nɪt/ knit	/net/ net/nett
/dɪt/ dit	/det/ debt		/rɪd/ rid	/red/ red
/fɪl/ fill	/fel/ fell		/sɪt/ sit	/set/ set
/hɪd/ hid	/hed/ head		/wɪl/ will	/wel/ well

4. edge egg dead death less let mess sell shed
   shell when them

5. end else bench bend chest fence health help
   rent self send sense shelf tend trend wealth
   depth next chemist empty entry exit index

6. any belly better bury cherry heavy many messy
   penny ready message pencil tennis every remedy recipe
   effect event defence depend intend intense invest itself
   reject electric everyone everybody expect expense extend

7. bless bread breath flesh friend press smell spell
   spend step stress stretch threat spread impress express
   plenty pretend prevent reflect

8. a deaf pet a red dress get wet ten men
   well read tell them a pen friend sell eggs

9. He fell in the dell.
   Well fed, well bred.
   Beth sells many eggs.
   Ted says ten men fell dead.
   The red bed is ready for them.

发音与拼写 Sound and Spelling

1. 字母 e 在重读闭音节中发 /e/，如 bed。
2. 字母组合 ea 有时发 /e/，如 ready。
3. 字母 a 有时发 /e/，如 any、many、Thames。
4. 字母组合 ai 和 ay 有时发 /e/，如 said、again、against、says。
5. 字母或字母组合如 u、ie、ei、eo 等有时发 /e/，如 bury、friend、leisure、Geoffrey。

本题是能与当前音构成"辅音＋元音"的音节定位练习。

本题是含有当前音的"辅音＋元音＋辅音"的音节定位练习，可结合第 1 题进行对位练习，如 /peɪ/－/pet/、/beɪ/－/bed/。

页面右列有音标与页码。当需要练习某个辅音时，可以在此处查到该辅音所在的页面。

本题是含有当前音且带有词前和词中辅音连缀的常见单词。

本题是含有当前音的词组。

本题是含有当前音的短句。

教学安排

本教材分五个部分，共 15 个单元，可于 60 个学时内完成。各单元学时可分配为：

第一部分	英语语音基础知识	3 学时
第二部分	英语元音音素与辅音音素	27 学时
第 1 单元	元音——短元音	4 学时
第 2 单元	元音——长元音	3 学时
第 3 单元	元音——双元音	4 学时
第 4 单元	辅音——爆破音	2 学时
第 5 单元	辅音——摩擦音	4 学时
第 6 单元	辅音——破擦音	2 学时
第 7 单元	辅音——鼻辅音	2 学时
第 8 单元	辅音——舌侧辅音和半元音	2 学时
第 9 单元	辅音——辅音连缀	4 学时
第三部分	快速连贯语流中的英语语音	4 学时
第 10 单元	失爆和不完全爆破	2 学时
第 11 单元	连读和省音	2 学时
第四部分	语境中的英语语音	4 学时
第 12 单元	重音、强读和弱读	2 学时
第 13 单元	语调	2 学时
第五部分	英语段落与对话中的语音和语调	22 学时
第 14 单元	段落中的语音和语调	12 学时
第 15 单元	对话中的语音和语调	10 学时

本教材是教育部人文社会科学规划基金项目"基于认知音位与分解输入的英语语音教学模式研究"（11YJA740071）成果之一。

编者在编写过程中借鉴了国内外的认知语言学、语音学和音系学方面的书籍，在此谨向这些书籍的作者表达由衷的谢意，并感谢王心佳为本教材绘制发音图。鉴于编者水平有限，教材中难免出现错误与不当之处，希望广大师生在使用过程中提出宝贵意见。

曲家丹

2018 年 7 月

目 录 Contents

英语字母 English Letters

大写	小写	音名
A	a	/eɪ/
B	b	/biː/
C	c	/siː/
D	d	/diː/
E	e	/iː/
F	f	/ef/
G	g	/dʒiː/
H	h	/eɪtʃ/
I	i	/aɪ/
J	j	/dʒeɪ/
K	k	/keɪ/
L	l	/el/
M	m	/em/

大写	小写	音名
N	n	/en/
O	o	/əʊ/
P	p	/piː/
Q	q	/kjuː/
R	r	/ɑː/
S	s	/es/
T	t	/tiː/
U	u	/juː/
V	v	/viː/
W	w	/ˈdʌbljuː/
X	x	/eks/
Y	y	/waɪ/
Z	z	/zed/

English Phonemes

英语
音素

1. 单元音 Single Vowels

1) 短元音 Short Vowels

/ɪ/	lip /lɪp/	唇		/ʌ/	but /bʌt/	但是
/e/	pen /pen/	钢笔		/ʊ/	look /lʊk/	看
/æ/	mad /mæd/	疯狂的		/ə/	about /əˈbaʊt/	关于
/ɒ/	hot /hɒt/	热的				

2) 长元音 Long Vowels

/iː/	meet /miːt/	见面		/uː/	tool /tuːl/	工具
/ɑː/	park /pɑːk/	公园		/ɜː/	work /wɜːk/	工作
/ɔː/	north /nɔːθ/	北				

2. 双元音 Diphthongs

/eɪ/	cake /keɪk/	蛋糕		/aʊ/	house /haʊs/	房子
/aɪ/	bike /baɪk/	自行车		/ɪə/	fear /fɪə/	害怕
/ɔɪ/	boy /bɔɪ/	男孩		/eə/	pair /peə/	一对
/əʊ/	coat /kəʊt/	外衣		/ʊə/	tour /tʊə/	旅行

🏃 **英语辅音音素** English Consonants

1. 爆破音 Stop Consonants

/p/	put /pʊt/	放		/d/	desk /desk/	书桌
/b/	back /bæk/	后面		/k/	kid /kɪd/	孩子
/t/	take /teɪk/	拿		/g/	good /gʊd/	好的

2. 摩擦音 Fricative Consonants

/f/	fox /fɒks/	狐狸		/z/	zoo /zu:/	动物园
/v/	voice /vɔɪs/	声音		/ʃ/	ship /ʃɪp/	轮船
/θ/	third /θɜ:d/	第三		/ʒ/	pleasure /ˈpleʒə/	乐趣
/ð/	they /ðeɪ/	他们		/h/	home /həʊm/	家
/s/	sit /sɪt/	坐		/r/	read /ri:d/	读

3. 破擦音 Affricate Consonants

/tʃ/	church /tʃɜ:tʃ/	教堂		/dr/	dress /dres/	服装
/dʒ/	just /dʒʌst/	刚刚		/ts/	cuts /kʌts/	切
/tr/	treat /tri:t/	对待		/dz/	beds /bedz/	床

4. 鼻辅音 Nasal Consonants

/m/	make /meɪk/	做		/ŋ/	king /kɪŋ/	国王
/n/	nose /nəʊz/	鼻子				

5. 舌侧辅音 Lateral Consonant

/l/	like /laɪk/	喜欢	mile /maɪl/	英里

6. 半元音 Semi-Vowels

/w/	week /wi:k/	星期		/j/	yes /jes/	是

PART ONE

THE ABC OF ENGLISH PRONUNCIATION

第一部分 英语语音
基础知识

一　学习英语语音的重要性

Importance of Learning English Pronunciation

人类区别于其他动物的地方在于人类有语言（language），并能通过思维创造出无穷无尽的、可以交流的言语（speech）。语言是人类最重要的交际（communication）工具。语言的表达有两种媒介：口头媒介和书写媒介。世界上存在着没有书写媒介的语言，却不存在没有口头媒介的语言。也就是说，有声语言是第一位的。语言的交际功能除了通过文字形式来表达以外，语音是非常重要的一个方面。通过发音器官发出有意义的声音，人们就能进行思想交流。

人类能够发出的音是无限的，但在语言中所使用的音却是有限的。英语有48 个音素（很多国外的英语语音书只有 44 个音素：/tr/、/dr/、/ts/、/dz/ 这四个音被认为是音素 /t/、/d/ 与音素 /r/、/s/ 和 /z/ 的组合，本书将这四个音单独列出）。它们相互组合构成了英语的语音基础。所有的声音都是一种物理现象，但是语音与其他声音的不同之处在于语音是声音和意义的结合体，是语言的一种表现形式。

英语是一种比较难的语言，它不像有些语言那样，从拼写就能得知发音。也就是说，所读与所写是不一致的。有时，同样的字母在不同的单词中发音不同，如 game /geɪm/ 和 pal /pæl/ 中的字母 a 发音是不一样的；有时，同一种发音在不同的单词中却有不同的拼写，如 feel /fiːl/ 和 meat /miːt/ 中的字母组合 ee 和 ea 都发 /iː/；而有的单词拼写形式一样，但发音不同，意义也不同，如 desert /ˈdezət/（ n. 沙漠）和 /dɪˈzɜːt/（ v. 遗弃）等。

英语语音中的音素有区别意义的作用，发音错误会造成意义上的差别。例如，fit /fɪt/（适合）和 pit /pɪt/（坑）两个词只是辅音 /f/ 和 /p/ 不同，但意义就完全不一样了；live /lɪv/（生活）与 leave /liːv/（离开）两个词的元音 /ɪ/ 和 /iː/ 不同，意义也不同。

发音也会影响听力理解。若将 /ʌ/ 和 /ɑː/ 都读成 /ɑːʳ/（如把 money /ˈmʌnɪ/ 和 father /ˈfɑːðə/ 读成 */ˈmɑːʳnɪ/ 和 */ˈfɑːʳðə/），将 /ɒ/ 和 /ɔː/ 都读成 /ɔːʳ/（如把 because /bɪˈkɒz/ 和 cause /kɔːz/ 读成 */bɪˈkɔːʳz/ 和 */kɔːʳz/），将 /ə/ 和 /ɜː/ 都读成 /ɜːʳ/（如把 famous /ˈfeɪməs/ 读成 */ˈfeɪmɜːʳs/）等，我们在听到

这些单词的时候，就不知道是什么意思了。如果连读和弱读练习得不够，也会听不懂说话者的意思。若将 pick it up 读成 /ˈpɪk ɪt ˈʌp/，我们在听到 /ˈpɪk‿ɪt‿ʌp/ 的时候不会理解为是 pick it up。弱读也是如此，若将 I will come with him 读成 /ˈaɪ wɪl ˈkʌm wɪð hɪm/，那么当我们听到 /ˈaɪ wɪl ˈkʌm wɪð ɪm/ 时，也不知道是什么意思。

英语是拼音文字，语音影响和制约着拼写、词汇和语法。例如，英语有一个反义前缀 in-，它在 /b/、/m/、/p/ 开头的单词中发音会变成 /im-/。我们在快读这三个音时是发不出 /ɪn/ 的，有些词典已经将 input 这个单词的音标标成了 /ˈɪmput/。另外，我们可以根据发音得知英语单词的拼写形式。比如当听到 /æ/ 这个音素的时候，我们就会写出其对应的字母 a；当听到 /kəud/（code）和 /klɪk/（click）时，我们就知道单词的第一个字母是 c，因为字母 c 在字母 a、o、u 及其他辅音前都发 /k/。

在英语语调方面，同样的句子在不同语境下有不同的语调。例如，降调的 ↘Pardon!（请原谅！）和升调的 ↗Pardon?[1]（请再重复一下你说的话好吗？）的意义是完全不同的。再如，They are right, aren't ↘they? 是让对方也给出一个肯定的回答，而 They are right, aren't ↗they? 就只是一个问句。

人际交流需要通过声音传递信息。好的发音能使学习者更有动力和信心，在人际交流时给人留下深刻的印象。

二 发音机制与发音器官

Pronunciation Mechanism and Speech Organs

我们在讲话时会有吸气、呼气、发声、共鸣这些发音过程。首先，我们把空气吸入肺部，然后再慢慢地呼出。当空气从喉部经过时，声带振动，发出声音。声音通过共鸣腔放大，经过口腔内各器官的运动，就会形成不同的语音，而这些语音经过组合就能构成有意义的单词。

---

[1] ↘：此图标在本书中表示降调；↗：此图标在本书中表示升调。

发音器官主要分为两类：积极发音器官和消极发音器官。可以随意活动的发音器官是积极发音器官，不能随意活动的发音器官是消极发音器官。积极发音器官包括舌、唇、软腭、小舌和声带。这些器官主要由肌肉组成，可以移动，发音练习主要是训练这些发音器官。下颌可以活动，因此也可以算是积极发音器官，对发音有很大的影响。牙齿、齿龈和硬腭由骨骼形成，构成了口腔框架，属于消极发音器官。积极发音器官可以触及或接近消极发音器官，在发音时起着举足轻重的作用。

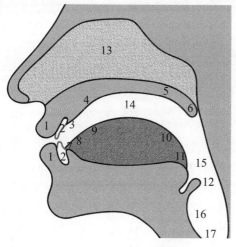

1. 上下唇 (lips)
2. 上下齿 (teeth)
3. 齿龈 (alveolar ridge)
4. 硬腭 (hard palate)
5. 软腭 (soft palate/velum)
6. 小舌 (uvular)
7. 舌尖 (tip of the tongue)
8. 舌叶 (blade of the tongue)
9. 舌前部 (front of the tongue)
10. 舌后部 (back of the tongue)
11. 舌根 (tongue root)
12. 会厌 (epiglottis)
13. 鼻腔 (nasal cavity)
14. 口腔 (oral cavity)
15. 咽腔 (pharyngeal cavity)
16. 喉 (larynx)
17. 声带（vocal cords）

图 1　发音器官

1. 共鸣腔（the resonator/the resonating cavities）

共鸣腔包括鼻腔（nasal cavity）、口腔（oral cavity）和咽腔（pharyngeal cavity）（见图 1 中的 13、14 和 15）。

口腔是最重要的发音腔体，语音的变化主要通过口腔完成。唇、舌和软腭会使口腔内的空间和形状发生变化，从而发出各种不同的语音。

鼻腔是一个形状固定的腔体，由软腭把它与口腔隔开，鼻腔中没有可以活动的器官。当软腭上移时，发口腔音（如图 2）；当软腭下垂时，发鼻音（如图 3）。

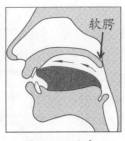 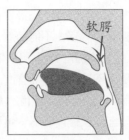

图 2　口腔音　　　　　　图 3　鼻音

　　咽腔位于喉部与鼻腔后部之间，向下与喉部连通，向前与口腔连通，向上与鼻腔连通。在这个空间中，气流与声带振动发出共鸣的声音。

　　咽腔和口腔都是可变共鸣腔，而鼻腔是固定共鸣腔。发鼻音时，鼻腔是主要共鸣腔，口腔是次要共鸣腔，但鼻腔和口腔所起的作用同等重要。

2.　喉（the larynx）

　　喉是声音发源地，由软骨组织和薄膜状肌肉构成，呈阀门结构。其内部包含着的由肌肉组成的两片有弹性的薄膜就是声带（the vocal cords）。声带可以完全闭合或部分闭合，通过不同程度的边缘振动发出声音。我们可以把手放在喉部发"啊"的音。如果发出声音，即使声音再小，我们也会感觉到喉部振动，这表明声带工作了；如果不出声发"啊"的音，则感觉不到振动，因为声带没有工作。声带的内侧可以移动闭合从而覆盖整个气管，也可以移开使中间开放以便空气通过，这个开放的空隙就是声门（the glottis）。音高是由声带的振动频率决定的，而振动的频率又是由声带的宽窄所决定的。

　　如果声带闭合，来自肺部的气流被挡住，气压会加大，这时发出的音是喉塞音（the glottal stop）。就像我们屏住呼吸举重，然后放下重物时突然呼气并振动声带而发出的声音。汉语中的"安"字以及以元音开头的英语单词，如 at /æt/ 的发音都是喉塞音。

　　如果声带间的缝隙比较小，气压会使声带振动。声带振动时发出的音是浊音（the voiced sounds），就像我们发的"啊"音。元音通常都是浊音，而辅音中只有一部分是浊音，如 /b/、/n/、/v/ 等。

　　如果声带间的缝隙比较大，气流便会比较自由地出入声门，如同呼吸一样，此时发出的音比较轻，叫作清音（the voiceless sounds），就像我们不出声发的"啊"音。辅音中的 /p/、/t/、/s/ 等是清音。

3.　舌（the tongue）

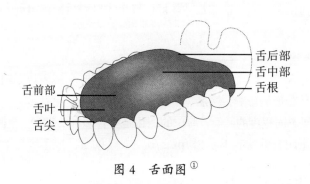

图 4　舌面图 ①

　　在所有的语言中，舌都是主要的发音器官，也是口腔内所有的积极发音器官中最灵活的器官。舌表皮下面隐藏着复杂的肌肉组织，这些肌肉组织使舌在三个维度上进行大范围的运动并形成不同的形状。舌能向前突出，也能横向和纵向弯曲；舌中部或后部可以隆起，舌尖能相对地独立于舌身进行活动。舌通过这些活动使说话者发出各种各样不同的声音。

　　舌可以改变形状和其在口腔内的大小，进而改变声音的共鸣属性，这也是元音及其相似音（如边流音）的基本特性。

　　为了更好地描述舌的位置，语音学家们认识到了舌表面的三个重要区域：舌前部、舌后部和舌叶。舌叶的最前端是舌尖，这些区域都是可变的，没有固定的界限。舌的大小因人而异，而且同一个人在发不同的音时，各个部位的界限也不同。为了便于描述英语发音，我们人为地把舌分成五个部分：舌尖、舌叶、舌前部、舌后部和舌根（见图 1 中的 7、8、9、10、11 和图 4）。当舌静止不动，平放在下齿后面时，靠近下齿后面的最前端部分叫作舌尖，对着或者触及齿龈

---

① 图片引自：Ashton, Helen, and Sarah Shepherd. *Work on Your Accent*. London: Harper Collins Publishers, 2012.

（见图 1 中的 3）的部分叫作舌叶，对着或触及硬腭（见图 1 中的 4）的部分叫作舌前部，对着或触及软腭（见图 1 中的 5）的部分叫作舌后部，靠近会厌（见图 1 中的 12）的部分是舌根。舌尖和舌叶是最灵活的部分，因为它们能够接触到上下唇、上下齿、齿龈和硬腭。在自然状态下，舌前部可以平放在口腔底部，也可以抬起顶住硬腭，或置于硬腭与口腔底部之间的任何部位。舌后部可以在自然状态下平放在口腔底部，也可以抬起顶住软腭，或置于软腭与口腔底部之间的任何位置，还可以放松并降低位置来为口腔后部留出更大的空间。

4.　唇（the lips）

唇作为发音部位，主要对元音和辅音中的双唇音和唇齿音影响比较大。口腔的共鸣也受唇形的影响，圆唇、展唇及唇突出对发音也有影响。唇可以分开或突出，呈现不同程度的圆唇。唇位的变化是多种多样的，能完全改变一个音。唇可以在完全闭合的状态下发出 /p/、/b/、/m/ 的音，或下唇与上齿接触发出 /f/、/v/ 的音等。

5.　下颌（the jaw）

如果我们想清晰地发音，但又不想让发音器官太灵活，下颌可以算是这样一个发音器官。下牙和舌是下颌系统内的结构，下唇也属于下颌系统。所以，我们在用唇、舌和牙齿这些发音器官时，不可避免地要移动下颌。如果我们发双唇分开的音，下颌就要移动。放松的下颌使从属发音器官更自由，讲话更容易；下颌紧张会使话语不清晰。但是，在发英语单元音时，下颌却不能太灵活，否则会将单元音读成双元音；而发英语双元音时，下颌又必须灵活，否则会读出单元音。因为双元音的发音是从第一个音素滑向第二个音素，下颌必须与其他发音器官相配合才能将两个音素协调为一个音。

三　英语元音与辅音的特点 |⊪⊪⊪⊪⊪⊪⊪⊪⊪⊪⊪⊪|

Features of English Vowels and Consonants

　　根据发音、听觉和声学的特性，英语语音一般分为元音（the vowels）和辅音（the consonants）两大类。英语中的元音和辅音都是有意义的声音。

　　（1）元音和辅音有明显的发音差异。发元音时，气流在共鸣腔里基本不受任何阻碍，能够顺利通过发音器官向外溢出；而发辅音时，情况则不同。气流经过闭塞或变窄的声道，或完全受阻，或一定程度受阻，产生可听得见的摩擦。但是，根据这种发音性质对元音和辅音进行分类时也有特殊情况。有时，我们所认为的辅音并没有真正地在发音时受到发音器官的阻碍。例如，在发位于 yeah /jɪə/ 和 way /weɪ/ 词首的 /j/ 和 /w/ 这两个音时，气流在共鸣腔里就没有受到阻碍。

　　（2）元音都是浊音。发元音时，声带振动。而辅音中既有浊音，也有清音。发浊辅音时，声带振动；发清辅音时，声带不振动。元音和辅音在声学特征方面的差别表现为两者的相对音响不同，属于元音类的语音要比属于辅音类的语音响亮。元音可以单独构成音节，也可以和辅音一起构成音节。如果和辅音一起构成音节，元音一般出现在音节的中心，而辅音则出现在音节的首尾部。辅音不能单独构成音节。

　　（3）英语有 20 个元音音素，其中单元音 12 个，双元音 8 个。根据不同的分类方法，单元音有不同的分类：

分类方法	分类	单元音
发音长短	长元音 the long vowels	/iː/、/ɔː/、/ɜː/、/ɑː/、/uː/
	短元音 the short vowels	/ɪ/、/e/、/æ/、/ɒ/、/ʊ/、/ʌ/、/ə/
发音部位	前元音 the front vowels	/iː/、/ɪ/、/e/、/æ/
	中元音 the middle vowels	/ʌ/、/ɜː/、/ə/
	后元音 the back vowels	/ɑː/、/ɒ/、/ɔː/、/ʊ/、/uː/
口腔肌肉紧张程度	紧元音 the tense vowels	/iː/、/ɔː/、/ɜː/、/ɑː/、/uː/
	松元音 the lax vowels	/ɪ/、/e/、/æ/、/ɒ/、/ʊ/、/ʌ/、/ə/

　　英语有 28 个辅音音素，其中清辅音 11 个，浊辅音 17 个。根据不同的分类方法，辅音可分为以下类别：

分类方法	分类	辅音
发音部位	双唇音 the bilabial consonants	/p/、/b/、/m/
	唇齿音 the labiodental consonants	/f/、/v/
	齿音 the dental consonants	/θ/、/ð/
	齿龈音 the alveolar consonants	/t/、/d/、/tr/、/dr/、/ts/、/dz/、/n/、/s/、/z/、/l/
	齿龈腭音 the post-alveolar consonants	/tʃ/、/dʒ/、/ʃ/、/ʒ/
	软腭音 the velar consonants	/k/、/g/、/ŋ/、/w/
	齿龈后音 the post-alveolar consonant	/r/
	腭音 the palatal consonant	/j/
	声门音 the glottal consonant	/h/
发音方法	爆破音 the stop consonants	/p/、/b/、/t/、/d/、/k/、/g/
	摩擦音 the fricative consonants	/f/、/v/、/θ/、/ð/、/s/、/z/、/ʃ/、/ʒ/、/h/、/r/
	破擦音 the affricate consonants	/tʃ/、/dʒ/、/tr/、/dr/、/ts/、/dz/
	鼻辅音 the nasal consonants	/m/、/n/、/ŋ/
	舌侧辅音 the lateral consonant	/l/
	半元音 the semi-vowels	/w/、/j/

　　注：本教材根据发音长短对单元音进行分类，根据发音方法对辅音进行分类。

四 英语语音的学习方法及容易出现的问题

Learning Methods and Problems Easily Encountered

1. 英语语音的学习方法

英语和汉语有两种不同的发音系统。汉语中有些音在英语中没有相似音，如 j、q 和 x 等；英语中有的音在汉语中也没有类似音，如 /θ/、/ð/ 和 /v/ 等。我们在学习汉语及使用汉语的过程中已经形成了汉语口腔肌肉运动模式，会影响英语发音。所以，我们要重新训练口腔肌肉，形成英语口腔肌肉运动模式，适应新的发音。英语发音的口腔肌肉运动模式需要经过先定位再定型的过程，经过长期反复的训练才能掌握。

发音时，多个发音器官或有先后顺序地运动，或同时运动，这就给发音定位增加了难度。例如，/ɪ/ 音对舌的要求是：舌身自然平放，舌尖置于下齿后面；对唇的要求是：双唇可以稍稍展开一点，也可以不展开，唇角自然放松；对下颌的要求是：下颌略微向下与上颌分开。从这个描述可以看出，舌、唇和下颌同时运动，再加上气流及声带振动，就可以发出 /ɪ/。然而，由于每个人的口腔结构不尽相同，所以不能精确到用双唇张开几厘米等来描述发音。每个音都是一个范畴，只要发音在这个范畴之内而且能够被识别的发音就是正确的。但在实际发音时，音与音在构成音节的过程中会互相影响。所以，要想真正定位英语发音，就必须以音节为基础。虽然我们已经知道如何发 /ɪ/，但在不同的音节中，由于受到发相邻音时舌、唇和下颌等的影响，/ɪ/ 的发音也会发生改变。在 /trɪ/ 这个音节中，我们这样描述破擦音 /tr/ 的发音方式：舌身中线成槽形，舌尖上翘紧贴上齿龈，双唇收圆并突出，气流冲破阻碍发音。舌与唇在发 /ɪ/ 和 /tr/ 时是不一样的，当这两个音构成音节的时候，舌身由槽形到自然状态，舌尖从上齿龈到下齿后面，双唇从收圆且突出到分开但不展开。在音节中，/ɪ/ 音周围所有的音都会对它产生影响，所以要定位 /ɪ/，就要练习与 /ɪ/ 相关的全部音节。

例如： /pɪ/ /bɪ/ /tɪ/ /dɪ/ /kɪ/ /gɪ/ /fɪ/ /vɪ/
　　　 /θɪ/ /ðɪ/ /sɪ/ /zɪ/ /ʃɪ/ /tʃɪ/ /dʒɪ/ /trɪ/
　　　 /drɪ/ /mɪ/ /nɪ/ /lɪ/ /hɪ/ /rɪ/ /wɪ/

进行发音定位之后，还要对这个音进行定型。定型是在对一个音进行基本定位后，针对这个音的抗干扰强化练习。我们不仅要练习与这个音相关的音节，还要练习单词，包括单音节单词、双音节单词、多音节单词以及包含辅音连缀的单词等。定位、定型练习之后，相应的口腔肌肉运动模式才能形成。我们才不仅能准确发音，而且能自然发音。

英语还有不完全爆破（incomplete explosion）、连读（linking）、强读（strong form）、弱读（weak form）和语调（intonation）等不同发音的口腔肌肉运动模式。语调还包括降调（fall）、升调（rise）和降升调（fall-rise），不同的语调有不同的发音运动模式以及不同的送气模式。

2. 学习英语元音容易出现的问题

因为还没有形成英语语音的肌肉运动模式，所以我们在学习元音时会碰到各种各样的问题。英语元音会使用到几乎所有的发音器官，这些器官相互协作发音。在积极发音器官中，舌、唇和下颌的利用率是最高的，其中舌的作用最大。舌可以利用口腔内的空间来弥补下颌下移不足的缺点，减小下颌的活动距离，快速准确地发音。

很多英语学习者认为唇位很重要，所以经常对着镜子练口形，但这样只能观察口形。元音的发音关键在于舌位，但通过镜子是无法观察舌位的，我们只能仔细地感觉舌的细微变化。就像有些人即使用上下齿咬着筷子也可以唱京剧，而且唱得字正腔圆，这就说明了舌的重要性。

在英语中，短元音发音时间短，对舌、唇和下颌的配合和协调要求比较严格。在发音过程中，发音器官的位置容易发生变化。发短元音时，下颌的位置是固定的。如果发音时下颌移动了，就相当于又多发了一个音。短元音 /e/ 和 /æ/ 的发音难度较大。/e/ 音对舌位要求很严格，舌位的小小变化就会引起发音的变化。下颌的下移程度也很重要，不能太大，否则会发成 /æ/，也不能太小，否则会发成 /ɪ/。/æ/ 的发音难点主要在于下颌下移得比较大，双唇展开的幅度也比较大，两个发音器官与舌位要协调配合。如果双唇张开得不够大，下颌就会发生位移。

央元音 /ə/ 的发音也很重要。这是一个弱读音，没有强读形式。如果把这个音读得很强，那就变成 /ɜː/ 了。然而，很多英语学习者只要看到 /ə/ 这个音，就会习惯性地发成强音。比如，them 在词典中有两个音标：/ðem/ 和 /ðəm/。/ðem/ 是强读，气流从肺部呼出时的力度更大一些。在舌和唇等所有发音器官的位置都不变的情况下，只有发音时呼出气流的力度小

一些才是弱读音 /ðəm/。而且，/ə/ 音也只出现在弱读音节中。例如，abacus /'æbəkəs/、abbot /'æbət/、certain /'sɜːtən/ 这几个单词中的字母 a、u、o 和字母组合 ai 在弱读音节中都发 /ə/。央元音是由不同的元音演变而来的，遵循的是省力原则。

有些中国的英语学习者由于受汉语儿话音的影响，习惯性地把所有的单元音都发成卷舌音 /r/，认为这就是美式英语的发音。其实，在了解了英语元音的发音机制之后，我们就会明白为什么这种发音方式是不对的。在美式英语中，只有 r 音节（如 ar、ir、or、er、ur 等）才发卷舌音。英式英语与美式英语不仅是几个音的发音区别，还包括单词重音、语流、语调等多方面的区别，学习者要仔细观察。

3. 学习英语辅音容易出现的问题

英语辅音涉及的发音器官比英语元音要多，除了舌、唇和下颌外，还包括一些被动发音器如齿龈、硬腭等。虽然辅音的发音器官比较复杂，但与元音相比，辅音发音相对容易一些。发音时，辅音的发音器官有抵靠的位置，而很多元音发音器官没有抵靠。例如，发 /d/ 时，舌尖和舌叶要紧贴上齿龈，挡住来自肺部的气流，然后释放气流，同时声带振动发音。

注意：不要将英语辅音和汉语拼音混淆，否则会多发出一个 /ə/ 的音。例如，/p/、/b/、/b/、/d/ 会发成 */pə/、*/bə/、*/tə/、*/də/，这显然是错误的。/v/ 和 /w/ 也比较容易读混，很多英语学习者容易将 victor/'vɪktər/ 读成 */'wɪktə/。

对于中国的英语学习者来说，/θ/ 和 /ð/ 是比较难的英语辅音，汉语中没有类似的音。虽然这两个音被称为齿音，但发音时并不是用上下齿将舌尖紧紧咬住，而是将舌尖抵住上齿，留些空隙，轻轻地发音。如果舌位错误，就有可能把 /ð/ 发成 /d/ 和 /l/。如果舌尖顶在上齿后面，舌叶紧贴上齿龈，那就会发成 /d/；如果舌尖紧贴上齿后面或上齿龈上面，那就会发成 /l/。

对于有些中国的英语学习者，尤其是对于那些受汉语方言影响的学习者来说，/s/ 和 /ʃ/ 也很难。有些人说汉语时就分不清平舌音和翘舌音，所以很容易将这种习惯带到英语中，如把 fish /fɪʃ/ 读成 */fɪs/，或者把 face /feɪs/ 读成 */feɪʃ/。对于他们来说，多练习普通话对学习英语发音会很有帮助。

还有两个音也会造成发音混淆：/ʒ/ 和 /r/（有时 /r/ 会被读成 /ʒ/），但这种混淆不是在所有单词中都会出现，一般会较多地出现在 /ʊə/ 和 /raʊ/ 这两个音节中。有些人会将 row /rəʊ/ 读成 */ʒəʊ/，这是因为 /r/ 在与其他音组合时，舌位发生了变化。/ʒ/ 与 /r/ 的发音舌形是不同的，/ʒ/ 音的舌形在自然状态下是平的（见图5），而 /r/ 音的舌形是槽形（见图6）。

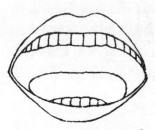

图 5 /ʒ/ 的正面舌形图①

图 6 /r/ 的正面舌形图①

　　/z/ 和 /l/ 也容易发错。/z/ 很容易发成汉语拼音中的 z，或者发成英语中的 /dz/。/s/ 的发音相对容易，因此在舌位和其他发音器官位置不变的情况下，只要振动声带就发出 /z/。/l/ 的错误发音是因为舌尖及舌叶放错了位置。发 /l/ 音时，舌尖与舌叶应紧贴上齿龈，如果紧贴了上硬腭，就会发成位于词尾的卷舌音 /ɭ/。

---

① 图片引自：O'Connor, Joseph D. *Better English Pronunciation*. 2nd ed. London: Cambridge University Press, 1980.

在慢读与快读时，发音器官所处的位置是不同的。有时，辅音受前后音的影响，其本身会变成另外一个音。这种发音变化不是刻意的，是因为舌位受了前后音的影响，是一种同化现象。例如：Does she? /dʌz ˈʃiː/ 中的 /z/ 由于受后一个单词首音的影响，会变成 /ʒ/，整个句子可读成 /dʌʒ ˈʃiː/。有时，受后一个辅音的影响，前面的辅音不发音，只需摆好舌位并留出发音时间即可，这是失爆或不完全爆破。例如，I should think so /aɪ ʃʊd ˈθɪŋk ˈsəʊ/ 中的 /d/ 和 /k/ 就是如此，我们实际并没有把这两个音读出来。

PART TWO
ENGLISH VOWELS
AND CONSONANTS

第二部分 英语元音音素
与辅音音素

第 1 单元
UNIT 1

元　音 Vowels

短元音 Short Vowels
/ɪ/ /e/ /æ/ /ɒ/ /ʌ/ /ʊ/ /ə/

　　短元音是松元音，发音类似于喉塞音，短促且有力。短元音的发音特点在于舌位和唇位变化不大，除了 /æ/ 的唇位展开较大之外，其他的短元音基本都可以在自然状态下发音。虽然各个发音器官有细微变化，但幅度不大。发短元音时，气流不受阻碍。

　　短元音的定位之难在于发音时，下颌容易发生位移。如果发生位移，那么发出来的就不是短元音，而是双元音。

　　短元音的定型之难在于舌、唇及下颌很难保持在一个固定的位置上，学习者需要长期训练才能养成发音习惯。

　　根据发音部位，短元音可分为前元音（the front vowels）/ɪ/、/e/、/æ/，中元音（the central vowels）/ʌ/、/ə/，以及后元音（the back vowels）/ɒ/、/ʊ/。前元音的发音部位是舌前部，中元音和后元音的发音部位是舌中部和舌后部。

/ɪ/	/e/	/æ/	/ɒ/	/ʌ/	/ʊ/	/ə/

发音要点 Description

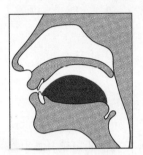

▶ 舌放松，舌尖于自然状态下置于下齿后面，舌前部稍稍向硬腭隆起，但不接触；

▶ 下颌稍稍下移，自然张口；

▶ 双唇微微向两边展开，呈自然状态；

▶ 声带振动；

▶ 发音短促而有力；

▶ 口腔肌肉放松。

/ɪ/ 20
/e/ 22
/æ/ 24
/ɒ/ 26
/ʌ/ 28
/ʊ/ 30
/ə/ 32
/i:/ 36
/ɑ:/ 38
/ɔ:/ 40
/u:/ 42
/ɜ:/ 44
/eɪ/ 48
/aɪ/ 50
/ɔɪ/ 52
/əʊ/ 54
/aʊ/ 56
/ɪə/ 58
/eə/ 60
/ʊə/ 62

练习 Practice

1. /pɪ/　　/bɪ/　　/tɪ/　　/dɪ/　　/kɪ/　　/gɪ/　　/fɪ/　　/vɪ/
   /θɪ/　　/ðɪ/　　/sɪ/　　/zɪ/　　/ʃɪ/　　/tʃɪ/　　/dʒɪ/　　/trɪ/
   /drɪ/　　/mɪ/　　/nɪ/　　/lɪ/　　/hɪ/　　/rɪ/　　/wɪ/

2. /pɪk/　　/bɪg/　　/tɪp/　　/dɪʃ/　　/kɪd/　　/gɪv/　　/fɪʃ/　　/vɪm/
   pick　　big　　tip　　dish　　kid　　give　　fish　　vim
   /θɪk/　　/ðɪs/　　/sɪk/　　/zɪp/　　/ʃɪt/　　/tʃɪp/　　/dʒɪm/　　/trɪk/
   thick　　this　　sick　　zip　　shit　　chip　　gym　　trick
   /drɪp/　　/mɪs/　　/nɪk/　　/lɪv/　　/hɪm/　　/ˈrɪtʃ/　　/wɪʃ/
   drip　　miss　　nick　　live　　him　　rich　　wish

3. if　　ill　　in/inn　　it　　its　　chin　　fill　　his　　kick
   kiss　　lip　　nil　　pill　　pin　　rid　　sit　　tin　　trip
   which　　will　　win　　with

4. build　　disc/disk　　film　　lift　　list　　gift　　milk　　mix
   mixed　　since　　shift　　illness　　kidney　　English　　think　　filthy
   interest　　interested　　insist　　picnic　　ministry　　witness　　exist

5. busy   city   chilly   dizzy   finish   kitchen   limit

   minute   silly   pigeon   village   imitate   begin   resist

6. brick   click   print   quick   quid   skill   skin   slim

   Smith   spill   spin   stick   stiff   still   strip   switch

   twist   pretty   prince   skinny   clinic   quickly   split

7. it is   fix it   a big ship   a sick kid

   lick and sip   give it a kick   a fish and a pig   a pig on a ship

8. Is Kim in?

   Jim is in the picture.

   It's an English film.

   Tim is as thin as a pin.

   The big pig is in the middle of the pit.

/p/	66
/b/	
/t/	68
/d/	
/k/	70
/g/	
/f/	74
/v/	
/θ/	76
/ð/	
/s/	78
/z/	
/ʃ/	80
/ʒ/	
/h/	82
/r/	84
/tʃ/	88
/dʒ/	
/tr/	90
/dr/	
/ts/	92
/dz/	
/m/	96
/n/	98
/ŋ/	100
/l/	104
/w/	106
/j/	108

发音与拼写　Sound and Spelling

1. 字母 i 在重读闭音节中发 /ɪ/，如 big。

2. 元音字母 a、e、i、u 在非重读音节中有时发 /ɪ/，如 image、because、visit、minute。

3. 字母 y 在重读闭音节中发 /ɪ/，如 myth。

4. 字母 y 在非重读音节中发 /ɪ/，如 lazy。

5. 字母 a 在以 -age、-ate 结尾的多音节词中发 /ɪ/，如 village、chocolate。

6. 字母组合 ay 在表示星期的词，如 Friday，及 holiday、yesterday 中可以发 /ɪ/。

7. 字母组合 ey 在单词结尾的非重读音节中经常发 /ɪ/，如 money。

8. 字母 u 有时发 /ɪ/，如 busy。

9. 字母组合 ui 有时发 /ɪ/，如 build。

/ɪ/	/e/	/æ/	/ɒ/	/ʌ/	/ʊ/	/ə/

发音要点 Description

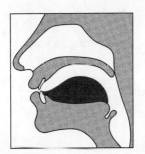

- ▶ 舌放松，舌尖于自然状态下置于下齿后面，舌前部稍稍向硬腭隆起，比 /ɪ/ 的发音位置稍低一点；
- ▶ 下颌稍稍下移，开口略大于 /ɪ/；
- ▶ 双唇稍稍向两边展开；
- ▶ 声带振动；
- ▶ 发音短促而有力；
- ▶ 口腔肌肉放松。

练习 Practice

1. /pe/　/be/　/te/　/de/　/ke/　/ge/　/fe/　/ve/

　/θe/　/ðe/　/se/　/ze/　/ʃe/　/tʃe/　/dʒe/　/tre/

　/dre/　/me/　/ne/　/le/　/he/　/re/　/we/　/je/

2. /pet/　/bed/　/tel/　/def/　/keg/　/get/　/fetʃ/　/vet/
   pet　　bed　　tell　　deaf　　keg　　get　　fetch　　vet

   /θeft/　/ðen/　/set/　/zed/　/ʃef/　/tʃek/　/dʒem/　/tred/
   theft　　then　　set　　zed　　chef　　check　　gem　　tread

   /dres/　/met/　/nek/　/leg/　/hel/　/red/　/wet/　/jes/
   dress　　met　　neck　　leg　　hell　　red　　wet/whet　　yes

3.

/bɪt/ bit	/bet/ bet	/ɪt/ it	/et/ ate
/tʃɪk/ chick	/tʃek/ check	/nɪt/ knit	/net/ net/nett
/dɪt/ dit	/det/ debt	/rɪd/ rid	/red/ red
/fɪl/ fill	/fel/ fell	/sɪt/ sit	/set/ set
/hɪd/ hid	/hed/ head	/wɪl/ will	/wel/ well

4. edge　egg　dead　death　less　let　mess　sell　shed
　　shell　when　them

5. end　else　bench　bend　chest　fence　health　help
　　rent　self　send　sense　shelf　tend　trend　wealth
　　depth　next　chemist　empty　entry　exit　index

6. any　belly　better　bury　cherry　heavy　many　messy
　　penny　ready　message　pencil　tennis　every　remedy　recipe
　　effect　event　defence　depend　intend　intense　invest　itself
　　reject　electric　everyone　everybody　expect　expense　extend

7. bless　bread　breath　flesh　friend　press　smell　spell
　　spend　step　stress　stretch　threat　spread　impress　express
　　plenty　pretend　prevent　reflect

8. a deaf pet　　a red dress　　get wet　　ten men
　　well read　　tell them　　a pen friend　　sell eggs

9. He fell in the dell.

　　Well fed, well bred.

　　Beth sells many eggs.

　　Ted says ten men fell dead.

　　The red bed is ready for them.

/p/ /b/	66
/t/ /d/	68
/k/ /g/	70
/f/ /v/	74
/θ/ /ð/	76
/s/ /z/	78
/ʃ/ /ʒ/	80
/h/	82
/r/	84
/tʃ/ /dʒ/	88
/tr/ /dr/	90
/ts/ /dz/	92
/m/	96
/n/	98
/ŋ/	100
/l/	104
/w/	106
/j/	108

发音与拼写　Sound and Spelling

1. 字母 e 在重读闭音节中发 /e/，如 bed。

2. 字母组合 ea 有时发 /e/，如 ready。

3. 字母 a 有时发 /e/，如 any、many、Thames。

4. 字母组合 ai 和 ay 有时发 /e/，如 said、again、against、says。

5. 字母或字母组合如 u、ie、ei、eo 等有时发 /e/，如 bury、friend、leisure、Geoffrey。

/ɪ/	/e/	**/æ/**	/ɒ/	/ʌ/	/ʊ/	/ə/

发音要点 Description

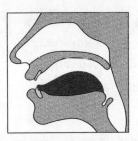

▶ 舌放松，舌尖于自然状态下置于下齿后面，舌叶稍稍向上隆起，舌后部位置降低；

▶ 下颌下移，开口大于 /e/；

▶ 双唇向两边展开，嘴角及脸部肌肉向后拉；

▶ 声带振动；

▶ 发音短促而有力。

练习 Practice

1. /pæ/ /bæ/ /tæ/ /dæ/ /kæ/ /gæ/ /fæ/ /væ/

   /θæ/ /ðæ/ /sæ/ /zæ/ /ʃæ/ /tʃæ/ /dʒæ/ /træ/

   /dræ/ /mæ/ /næ/ /læ/ /hæ/ /ræ/ /wæ/ /jæ/

2. /pæk/ /bæd/ /tæp/ /dæd/ /kæt/ /gæs/ /fæt/ /væn/
   pack   bad   tap   dad   cat   gas   fat/phat   van

   /θætʃ/ /ðæt/ /sæd/ /zæp/ /ʃæk/ /tʃæt/ /dʒæk/ /træp/
   thatch that sad zap shack chat jack trap

   /dræg/ /mæd/ /næg/ /læk/ /hæv/ /ræt/ /wæg/ /jæm/
   drag mad nag lack have rat wag yam

3.

/bed/ bed	/bæd/ bad		/bɪg/ big	/beg/ beg	/bæg/ bag
/fen/ fen	/fæn/ fan		/dɪd/ did	/ded/ dead	/dæd/ dad
/led/ led	/læd/ lad		/gɪt/ git	/get/ get	/gæt/ gat
/met/ met	/mæt/ mat		/dʒɪm/ Jim	/dʒem/ gem	/dʒæm/ jam
/pel/ pell	/pæl/ pal		/mɪs/ miss	/mes/ mess	/mæs/ mass

4. ad/add　ass　as　at　bat　can　cap　catch　fan
   gap　hat　man　map　shall　track　trash　vat　wrap

5. act　and　band　camp　hand　lamp　land　pants
   sand　tax　active　badly　handy　exam　expand　exact
   impact　react　fabric

6. carry　daddy　happy　marry　valley　fancy　asset　acid
   damage　jacket　habit　manage　married　marriage　massive　package
   palace　panic　rabbit　traffic　imagine

7. black　crack　flash　flat　glad　grab　gram　plan
   pram　slap　snap　grand　stamp　stand　classic　granny
   plastic　practice　strategy

8. a bad bag　　that map　　　a sad man　　　a fat cat
   catch a rat　　ham and jam　　Jack and Pat　　a mad fan

9. Pack that bag.

   Catch that mad rat.

   The cat sat on the mat.

   A fact is a fact.

   The plan was bad and Alan was sacked.

/p/	66
/b/	
/t/	68
/d/	
/k/	70
/g/	
/f/	74
/v/	
/θ/	76
/ð/	
/s/	78
/z/	
/ʃ/	80
/ʒ/	
/h/	82
/r/	84
/tʃ/	88
/dʒ/	
/tr/	90
/dr/	
/ts/	92
/dz/	
/m/	96
/n/	98
/ŋ/	100
/l/	104
/w/	106
/j/	108

发音与拼写　Sound and Spelling

1. 字母 a 在重读闭音节中发 /æ/，如 cat。

2. 字母组合 ai 有时发 /æ/，如 plaid、plait。

3. 字母 a 在字母组合 ar 中且后面没有字母 e 时发 /æ/，如 baron、tariff、harass、
   charity。

4. 字母 a 在字母组合 arr 中发 /æ/，如 carry、narrow。

/ɪ/	/e/	/æ/	/ɒ/	/ʌ/	/ʊ/	/ə/

发音要点 Description

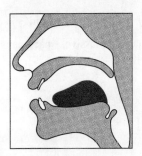

▶ 舌放松，舌尖于自然状态下置于下齿后面，舌后部微微向软腭隆起，但不接触；

▶ 下颌下移，开口从最大至半开；

▶ 双唇收圆但不突出，也可以稍微收圆；

▶ 声带振动；

▶ 发音短促而有力；

▶ 口腔肌肉放松。

练习 Practice

1. /pɒ/   /bɒ/   /tɒ/   /dɒ/   /kɒ/   /gɒ/   /fɒ/   /vɒ/

   /sɒ/   /zɒ/   /ʃɒ/   /tʃɒ/   /dʒɒ/   /trɒ/   /drɒ/   /mɒ/

   /nɒ/   /lɒ/   /hɒ/   /rɒ/   /wɒ/   /jɒ/

2. /pɒt/   /bɒs/   /tɒp/   /dɒg/   /kɒp/   /gɒd/   /fɒg/   /'vɒlɪ/
   pot   boss   top   dog   cop   god   fog   volley

   /sɒk/   /'zɒmbɪ/   /ʃɒk/   /tʃɒp/   /dʒɒb/   /trɒt/   /drɒp/   /mɒm/
   sock   zombie   shock   chop   job   trot   drop   mom

   /nɒt/   /lɒg/   /hɒt/   /rɒk/   /wɒt/   /jɒb/
   not   log   hot   rock   what/watt   yob

3.

/dɪg/ dig	/dɒg/ dog		/lɪt/ lit	/lɒt/ lot
/dɪt/ dit	/dɒt/ dot		/pɪk/ pick	/pɒk/ pock
/fɪks/ fix	/fɒks/ fox		/rɪd/ rid	/rɒd/ rod
/kɪd/ kid	/kɒd/ cod		/ʃɪp/ ship	/ʃɒp/ shop
/lɪk/ lick	/lɒk/ lock		/tɪp/ tip	/tɒp/ top

4. odd　　off　　on　　doll　　lock　　long　　loss　　lot
   knock　　nod　　wrong　　watch　　was

5. box　　golf　　pond　　shocked　　solve　　forest　　honest
   orange　　resolve

6. coffee　　foreign　　hobby　　lorry　　mommy　　sorry　　college　　cottage
   office　　pocket　　solid　　sausage　　topic　　holiday　　policy　　because
   belong　　beyond

7. block　　blonde　　clock　　crop　　cross　　from　　spot　　stock
   stop　　strong　　involve　　closet　　profit　　promise　　province
   quality　　quantity　　squad

8. a hot dog　　　　got a job　　　　　on the top　　　　　wash the mop
   a lock shop　　　　watch the dock　　　　the wrong sock　　　　a cock on a rock

9. Tom got a hot pot.

   Ross got a dog from the pet shop.

   Copy the song which is not long.

   Rod lost his office job.

   It's wrong not to lock the box.

/p/ /b/	66
/t/ /d/	68
/k/ /g/	70
/f/ /v/	74
/θ/ /ð/	76
/s/ /z/	78
/ʃ/ /ʒ/	80
/h/	82
/r/	84
/tʃ/ /dʒ/	88
/tr/ /dr/	90
/ts/ /dz/	92
/m/	96
/n/	98
/ŋ/	100
/l/	104
/w/	106
/j/	108

发音与拼写　**Sound and Spelling**

1. 字母 o 在重读闭音节中发 /ɒ/，如 lot。

2. 字母 o 在 rr 前发 /ɒ/，如 sorry。

3. 字母 a 在 /w/ 后且为重读闭音节时有时发 /ɒ/，如 wash。

/ɪ/	/e/	/æ/	/ɒ/	/ʌ/	/ʊ/	/ə/

发音要点 Description

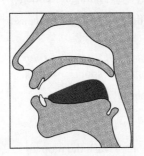

▶ 舌放松，舌尖于自然状态下置于下齿后面，舌中部微微隆起；

▶ 下颌下移，开口略小；

▶ 双唇呈自然状态；

▶ 声带振动；

▶ 发音短促而有力；

▶ 口腔肌肉放松。

练习 Practice

1. /pʌ/ /bʌ/ /tʌ/ /dʌ/ /kʌ/ /gʌ/ /fʌ/ /vʌ/
   /θʌ/ /ðʌ/ /sʌ/ /ʃʌ/ /tʃʌ/ /dʒʌ/ /trʌ/ /drʌ/
   /mʌ/ /nʌ/ /lʌ/ /hʌ/ /rʌ/ /wʌ/ /jʌ/

2. /pʌb/   /bʌs/   /tʌf/   /dʌv/   /kʌt/   /gʌm/   /fʌs/   /ˈvʌlgə/
   pub   bus   tough   dove   cut   gum   fuss   vulgar

   /θʌm/   /ðʌs/   /sʌm/   /ʃʌt/   /tʃʌk/   /dʒʌg/   /trʌk/   /drʌg/
   thumb   thus   some/sum   shut   chuck   jug   truck   drug

   /mʌtʃ/   /nʌt/   /lʌk/   /hʌt/   /rʌb/   /wʌn/   /jʌŋ/
   much   nut   luck   hut   rub   one/won young

3.
/bɪg/ big	/bʌg/ bug	/lɪv/ live	/lʌv/ love
/tʃɪk/ chick	/tʃʌk/ chuck	/mɪd/ mid	/mʌd/ mud
/dɪg/ dig	/dʌg/ dug	/pɪn/ pin	/pʌn/ pun
/hɪt/ hit	/hʌt/ hut	/rɪg/ rig	/rʌg/ rug
/lɪk/ lick	/lʌk/ luck	/rɪst/ wrist	/rʌst/ rust

4. up　　us　　bum　　but　　cup　　duck　　dull　　dumb

　　fun　　love　　mug　　mum　　none　　run　　rush　　sub

　　such　　ton　　touch　　tongue

5. dust　　gulf　　jump　　just　　lunch　　month　　pump　　punch

　　trouble　　trust

6. country　　funny　　hurry　　money　　nothing　　puppy　　worry

　　courage　　summit　　worried　　enough　　encourage　　dustbin　　justice

　　hungry　　public　　publish　　rugby　　subject　　ultimate　　upset

　　discuss　　republic　　result

7. blood　　flood　　front　　plug　　plus　　shrug　　study

　　stuff　　product

8. a tough nut　　shut up　　rough luck　　much love

　　a young son　　such and such　　one month　　fun in the sun

9. The sun has come up.

　　Don't touch the gun.

　　Come to supper with us.

　　It's fun to run in the sun.

　　He loves nothing but money.

/p/	66
/b/	
/t/	68
/d/	
/k/	70
/g/	
/f/	74
/v/	
/θ/	76
/ð/	
/s/	78
/z/	
/ʃ/	80
/ʒ/	
/h/	82
/r/	84
/tʃ/	88
/dʒ/	
/tr/	90
/dr/	
/ts/	92
/dz/	
/m/	96
/n/	98
/ŋ/	100
/l/	104
/w/	106
/j/	108

发音与拼写　Sound and Spelling

1. 字母 u 在重读闭音节中发 /ʌ/，如 cut。

2. 字母 o 在 v、th 前且重读时发 /ʌ/，如 love、other。

3. 字母组合 ou 有时发 /ʌ/，如 double。

4. 字母组合 oo 有时发 /ʌ/，如 flood。

/ɪ/	/e/	/æ/	/ɑ/	/ʌ/	/ʊ/	/ə/

发音要点 Description

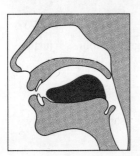

- ▶ 舌放松，舌尖于自然状态下置于下齿后面，舌后部向软腭隆起，但不接触；
- ▶ 下颌下移，开口略小；
- ▶ 双唇可以稍向前突出收圆，也可以稍微收圆；
- ▶ 声带振动；
- ▶ 发音短促而有力；
- ▶ 口腔肌肉放松。

练习 Practice

1. /pʊ/   /bʊ/   /tʊ/   /kʊ/   /gʊ/   /fʊ/   /sʊ/   /ʃʊ/

    /tʃʊ/   /nʊ/   /lʊ/   /hʊ/   /rʊ/   /wʊ/

2. /pʊt/   /bʊk/   /tʊk/   /kʊd/   /gʊd/   /fʊt/   /sʊt/   /ʃʊd/

    put   book   took   could   good   foot   soot   should

    /tʃʊk/   /nʊk/   /lʊk/   /hʊd/   /rʊk/   /wʊd/

    chook   nook   look   hood   rook   would/wood

3.

/hɒd/ hod	/hʊd/ hood		/pɒt/ pot	/pʊt/ put
/kɒd/ cod	/kʊd/ could		/bɒʃ/ bosh	/bʊʃ/ bush
/lɒk/ lock	/lʊk/ look		/ʃɒk/ shock	/ʃʊk/ shook

4. bull   butch   cook   poof   wolf   brook   crook   stood

5. input   bullet   butcher   cushion   football   goodbye

    manhood   pudding   sugar   woolen   woman

6. a cook book　　a good look　　pull the hook　　push and pull

shook a foot　　look at the bull　　cook with wood　　stood in the bush

7. I would if I could.

It looks like a good book.

She could not pull the hook.

Don't put the bullet in his boot.

The cook took a look at his cook book.

发音与拼写　Sound and Spelling

1. 字母组合 oo 在字母 k、d、t、l 前发 /ʊ/，如 rook、hood、foot、woollen。但 snooker、spook 除外。

2. 字母组合如 ul 和 ull 中的 u 发 /ʊ/，如 bulletin、bullock、pullet、pulpit。

3. 字母组合如 ush 中的 u 发 /ʊ/，如 bush、bushel、cushion。

4. 字母组合 ou 有时发 /ʊ/，如 could、should、would。

/p/ /b/	66
/t/ /d/	68
/k/ /g/	70
/f/ /v/	74
/θ/ /ð/	76
/s/ /z/	78
/ʃ/ /ʒ/	80
/h/	82
/r/	84
/tʃ/ /dʒ/	88
/tr/ /dr/	90
/ts/ /dz/	92
/m/	96
/n/	98
/ŋ/	100
/l/	104
/w/	106
/j/	108

/ɪ/	/e/	/æ/	/ɒ/	/ʌ/	/ʊ/	/ə/

发音要点 Description

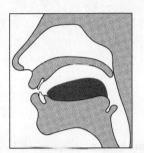

▶ 舌放松，舌尖自然状态下置于下齿后面，舌中部微微向软腭隆起；

▶ 下颌下移，张开口；

▶ 双唇分开呈自然状态；

▶ 声带振动；

▶ 发音短促；

▶ 口腔肌肉放松。

/ɪ/ 20
/e/ 22
/æ/ 24
/ɒ/ 26
/ʌ/ 28
/ʊ/ 30
/ə/ 32
/iː/ 36
/ɑː/ 38
/ɔː/ 40
/uː/ 42
/ɜː/ 44
/eɪ/ 48
/aɪ/ 50
/ɔɪ/ 52
/əʊ/ 54
/aʊ/ 56
/ɪə/ 58
/eə/ 60
/ʊə/ 62

练习 Practice

1. /pə/[①] /bə/ /tə/ /də/ /kə/ /gə/ /fə/ /və/

   /θə/ /ðə/ /sə/ /zə/ /ʃə/ /ʒə/ /tʃə/ /dʒə/

   /trə/ /drə/ /mə/ /nə/ /lə/ /rə/

2.
/ˈsʌpə/	/ˈfibə/	/ˈletə/	/ˈlædə/	/ˈhækə/	/ˈbegə/	/ˈdɪfə/	/ˈkʌvə/
supper	fibber	letter	ladder	hacker	beggar	differ	cover
/ˈpænθə/	/ˈbɒðə/	/ˈdresə/	/ˈbʌzə/	/ˈwɒʃə/	/ˈmeʒə/	/ˈbʊtʃə/	/ˈmeɪdʒə/
panther	bother	dresser	buzzer	washer	measure	butcher	major
/ˈekstrə/	/ˈhaɪdrə/	/ˈkɒmə/	/ˈdɪnə/	/ˈselə/	/ˈmɪrə/		
extra	hydra	comma	dinner	seller	mirror		

3.
/əˈpres/	/əˈbʌv/	/əˈtæk/	/əˈdɒpt/	/əˈklɒk/	/əˈgen/	/əˈfɪʃəl/	/əˈvendʒ/
oppress	above	attack	adopt	o'clock	again	official	avenge
/əˈsɪst/	/əˈʃʊə/	/əˈtʃiːv/	/əˈdʒʌst/	/əˈtrækt/	/əˈdres/	/əˈmend/	/əˈnʌðə/
assist	assure	achieve	adjust	attract	address	amend	another
/əˈlɒŋ/	/əˈraɪv/						
along	arrive						

---

① 淡化效果在本书中表示弱读。

4. album　　bitter　　dollar　　figure　　gather　　matter　　honour　　horror

mother　　offer　　other　　suffer　　under　　winner　　actor　　anger

builder　　chapter　　culture　　doctor　　factor　　picture　　sister　　winter

wonder　　visiter　　brother　　grammar　　apple　　angle　　battle　　couple

middle　　novel　　bottom　　common　　dozen　　balance　　fashion　　listen

passion　　Christmas　　cinema　　company　　adapt　　among　　upon

ability　　across　　admit　　forget　　forgive

5. along the river　　from cover to cover　　never forget　　again and again

better butter　　accept a member　　brother and sister　　under the picture

发音与拼写　Sound and Spelling

1. 元音字母 a、e、i、o、u 在非重读音节中发 /ə/，如 allow、moment、holi-day、method、column。

2. 字母组合 ai、ar、er、or、ou、our 等在非重读音节中发 /ə/，如 certain、col-lar、manner、effort、famous、favour。

/p/	66
/b/	
/t/	68
/d/	
/k/	70
/g/	
/f/	74
/v/	
/θ/	76
/ð/	
/s/	78
/z/	
/ʃ/	80
/ʒ/	
/h/	82
/r/	84
/tʃ/	88
/dʒ/	
/tr/	90
/dr/	
/ts/	92
/dz/	
/m/	96
/n/	98
/ŋ/	100
/l/	104
/w/	106
/j/	108

第2单元
UNIT 2

元　音 Vowels

长元音 Long Vowels
/iː/ /ɑː/ /ɔː/ /uː/ /ɜː/

　　长元音的发音比短元音容易一些，可以和汉语韵母的发音规则进行比较。英语长元音是紧元音。发音时要保持口腔肌肉紧张，否则气流不能冲破舌、唇等器官形成的障碍和阻力；汉语韵母发音时的口腔肌肉比发英语长元音时更紧。英语长元音略带有喉塞音。

　　与短元音相比，长元音的发音要长一些。但是，长元音与短元音一样，在发音过程中，舌位与唇位不能移动，没有气流被阻塞而发出的爆发力，也没有摩擦力。

/i:/ /ɑ:/ /ɔ:/ /u:/ /ɜ:/

发音要点 Description

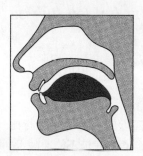

- ▶ 舌放松，舌尖于自然状态下置于下齿后面，舌后部向硬腭隆起，但不接触，舌两侧接触上齿；
- ▶ 下颌稍下移，微微张口；
- ▶ 双唇微微向两边展开，呈自然状态；
- ▶ 声带振动；
- ▶ 发连续长音；
- ▶ 口腔肌肉紧张。

/ɪ/ 20
/e/ 22
/æ/ 24
/ɒ/ 26
/ʌ/ 28
/ʊ/ 30
/ə/ 32
/i:/ 36
/ɑ:/ 38
/ɔ:/ 40
/u:/ 42
/ɜ:/ 44
/eɪ/ 48
/aɪ/ 50
/ɔɪ/ 52
/əʊ/ 54
/aʊ/ 56
/ɪə/ 58
/eə/ 60
/ʊə/ 62

练习 Practice

1. /pi:/ pea   /bi:/ bee/be/b   /ti:/ tea/t/tee   /di:/ d   /ki:/ key   /gi:/ ghee   /fi:/ fee   /vi:/
   /θi:/   /ði:/ the   /si:/ sea/see/c   /zi:/ z   /ʃi:/ she   /tʃi:/   /dʒi:/ gee/g   /tri:/ tree
   /dri:/   /mi:/ me   /ni:/ knee   /li:/ lee   /hi:/ he   /ri:/   /wi:/ we/wee

2. /pi:k/   /bi:t/   /ti:tʃ/   /di:d/   /ki:p/   /gi:s/   /fi:t/   /vi:l/
   peak   beat   teach   deed   keep   geese   feet   veal
   /θi:m/   /ði:z/   /si:t/   /zi:l/   /ʃi:p/   /tʃi:f/   /dʒi:n/   /tri:t/
   theme   these   seat   zeal   sheep   chief   gene   treat
   /dri:m/   /mi:t/   /ni:d/   /li:f/   /hi:t/   /ri:d/   /wi:k/
   dream   meat/meet   need   leaf   heat   read   week/weak

3.
/bɪn/ bin	/bi:n/ bean		/lɪv/ live	/li:v/ leave
/tʃɪk/ chick	/tʃi:k/ cheek		/mɪl/ mill	/mi:l/ meal
/dɪd/ did	/di:d/ deed		/pɪk/ pick	/pi:k/ peak
/fɪl/ fill	/fi:l/ feel		/rɪd/ rid	/ri:d/ read
/ɪt/ it	/i:t/ eat		/sɪt/ sit	/si:t/ seat

4. beach   cease   cheap   each   feed   lead   league   leak
   lease   mean   peach   reach   scene   seek   seem   seize
   sheet   team   wheel

5. east   field   least   people   equal   exceed   increase   indeed
   succeed   technique

6. dealer   pizza   easy   even   evil   feature   legal   metre
   police   reader   reason   region   season   teacher   treaty   weekly
   belief   believe   beneath   between   defeat   machine   perceive   disease
   receipt   receive   regime   release   relieve   repeat   reveal   trustee
   magazine

7. breach   breathe   breed   brief   clean   creature   free   green
   please   priest   queen   sleep   speak   speech   speed   steal/steel
   steam   steep   stream   street   sweep   sweet   three   screen
   degree   precede   proceed

8. deep sea   eat meat   feel weak   a leaf on a tree
   a key and a bee   neat and clean   tea and cheese   leave the team

9. Seeing is believing.
   The peach is green.
   Eve is weak and meek.
   In a week, the team will reach the beach.
   Each of the three agreed to meet the queen.

/p/	66
/b/	
/t/	68
/d/	
/k/	70
/g/	
/f/	74
/v/	
/θ/	76
/ð/	
/s/	78
/z/	
/ʃ/	80
/ʒ/	
/h/	82
/r/	84
/tʃ/	88
/dʒ/	
/tr/	90
/dr/	
/ts/	92
/dz/	
/m/	96
/n/	98
/ŋ/	100
/l/	104
/w/	106
/j/	108

发音与拼写 Sound and Spelling

1. 字母 e 在开音节中发 /iː/，如 we、cede。

2. 字母组合 ee 发 /iː/，如 seen。

3. 字母组合 ese 发 /iːz/，如 Chinese。

4. 字母组合 ea 发 /iː/，如 please。

5. 字母组合 ie 有时发 /iː/，如 grieve、relief。

6. 字母组合 ei 有时发 /iː/，如 deceit、receipt。

/iː/ /ɑː/ /ɔː/ /uː/ /ɜː/

发音要点 Description

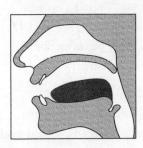

▶ 舌放松，舌尖离开下齿，舌身向后缩，舌后部
稍隆起；

▶ 下颌下移，开口较大；

▶ 双唇呈自然状态；

▶ 声带振动；

▶ 发连续长音；

▶ 口腔肌肉放松。

/ɪ/ 20
/e/ 22
/æ/ 24
/ɒ/ 26
/ʌ/ 28
/ʊ/ 30
/ə/ 32
/iː/ 36
/ɑː/ 38
/ɔː/ 40
/uː/ 42
/ɜː/ 44
/eɪ/ 48
/aɪ/ 50
/ɔɪ/ 52
/əʊ/ 54
/aʊ/ 56
/ɪə/ 58
/eə/ 60
/ʊə/ 62

练习 Practice

1. /pɑː/ par /bɑː/ bar /tɑː/ tar /dɑː/ /kɑː/ car /gɑː/ /fɑː/ far /vɑː/

/sɑː/ /ʃɑː/ /tʃɑː/ char /dʒɑː/ jar /trɑː/ /drɑː/ /mɑː/ mar /nɑː/

/lɑː/ /hɑː/ /rɑː/ /wɑː/ /jɑː/

2.
/pɑːk/	/bɑːd/	/tɑːt/	/dɑːk/	/kɑːm/	/gɑːd/	/fɑːs/	/vɑːz/
park	bard	tart	dark	calm	guard	farce	vase
/sɑːm/	/ʃɑːp/	/tʃɑːt/	/ˈdʒɑːvə/	/trɑːns/	/drɑːft/	/mɑːt/	/nɑːk/
psalm	sharp	chart	java	trance	draft	mart	narc
/lɑːdʒ/	/hɑːt/	/rɑːsp/	/wɑːft/	/jɑːd/			
large	heart/hart	rasp	waft	yard			

3.
/bʌd/ bud	/bɑːd/ bard	/kʌd/ cud	/kɑːd/ card
/tʃʌk/ chuck	/tʃɑːk/ chark	/lʌk/ luck	/lɑːk/ lark
/dʌn/ done	/dɑːn/ darn	/pʌk/ puck	/pɑːk/ park
/fʌt/ fut	/fɑːt/ fart	/sʌk/ suck	/sɑːk/ sark
/hʌd/ hud	/hɑːd/ hard	/tʌp/ tup	/tɑːp/ tarp

4. arch　　arm　　art　　bath　　farm　　half　　hard　　harm
   laugh　　mark　　pass　　path　　charge

5. armed　　castle　　chance　　last　　vast　　after　　answer　　article
   basket　　bastard　　contrast　　disaster　　enhance　　example　　nasty

6. army　　carpet　　charter　　drama　　farmer　　garden　　garlic　　margin
   market　　parcel　　pardon　　party　　rather　　target　　alarm　　apart
   demand　　departure　　guitar　　regard　　remark　　banana　　marvellous

7. blah　　branch　　class　　craft　　glance　　glass　　grant　　grass
   plant　　smart　　staff　　star　　start　　starve

8. a large bar　　　a car park　　　　a charm card　　　hard lard
   arm in arm　　　laugh in the dark　　　pass the park　　　part of the mart

9. Harm set, harm get.

   The car is hard to start.

   This part is rather large.

   Far from eye, far from heart.

   The car was parked in the farmyard.

音标	页码
/p/ /b/	66
/t/ /d/	68
/k/ /g/	70
/f/ /v/	74
/θ/ /ð/	76
/s/ /z/	78
/ʃ/ /ʒ/	80
/h/	82
/r/	84
/tʃ/ /dʒ/	88
/tr/ /dr/	90
/ts/ /dz/	92
/m/	96
/n/	98
/ŋ/	100
/l/	104
/w/	106
/j/	108

发音与拼写　Sound and Spelling

1. 字母 a 在 f、n、ss、sk、st、sp、th 前且重读时发 /ɑː/，如 after、dance、pass、ask、fast、grasp、path。

2. 字母组合 ar 在非 /w/ 音后发 /ɑː/，如 car、bar。

3. 字母组合 al、au、ear 有时发 /ɑː/，如 half、aunt、heart。

/iː/	/ɑː/	/ɔː/	/uː/	/ɜː/

发音要点 Description

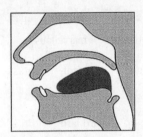

▶ 舌放松，舌尖离开下齿，舌后部向软腭隆起，
但不接触；

▶ 下颌下移，半开口；

▶ 双唇收圆并向前突出；

▶ 声带振动；

▶ 发连续长音；

▶ 口腔肌肉紧张。

/ɪ/	20
/e/	22
/æ/	24
/ɒ/	26
/ʌ/	28
/ʊ/	30
/ɔ/	32
/iː/	36
/ɑː/	38
/ɔː/	40
/uː/	42
/ɜː/	44
/eɪ/	48
/aɪ/	50
/ɔɪ/	52
/əʊ/	54
/aʊ/	56
/ɪə/	58
/eə/	60
/ʊə/	62

练习 Practice

1. /pɔː/ paw pore　/bɔː/ bore　/tɔː/ tore　/dɔː/ door　/kɔː/ core　/gɔː/ gore　/fɔː/ for fore　/vɔː/

　/θɔː/ thaw　/sɔː/ sore　/ʃɔː/ shore　/tʃɔː/ chore　/dʒɔː/ jaw　/trɔː/　/drɔː/ draw　/mɔː/ more

　/nɔː/ nor　/lɔː/ law　/hɔː/ haw　/rɔː/ raw roar　/wɔː/ war wore　/jɔː/ your

2. | /pɔːk/ | /bɔːt/ | /tɔːk/ | /dɔːm/ | /kɔːn/ | /gɔːdʒ/ | /fɔːk/ | /ˈvɔːteks/ |
|---|---|---|---|---|---|---|---|
| pork | bought | talk | dorm | corn | gorge | fork | vortex |
| /θɔːt/ | /sɔːs/ | /ʃɔːt/ | /tʃɔːk/ | /dʒɔːdʒ/ | /trɔːl/ | /drɔːn/ | /mɔːf/ |
| thought | source | short | chalk | George | trawl | drawn | morph |
| /nɔːθ/ | /lɔːd/ | /hɔːs/ | /rɔːt/ | /wɔːm/ | /jɔːn/ | | |
| north | lord/laud | horse | wrought | warm | yawn | | |

3. | /dɒn/ Don | /dɔːn/ dawn | /ʃɒt/ shot | /ʃɔːt/ short |
|---|---|---|---|
| /fɒks/ fox | /fɔːks/ forks | /sɒk/ sock | /sɔːk/ Sauk |
| /kɒt/ cot | /kɔːt/ caught | /hɒd/ hod | /hɔːd/ hoard/horde |
| /nɒt/ not | /nɔːt/ nought | /tɒt/ tot | /tɔːt/ tort |
| /pɒk/ pock | /pɔːk/ pork | /wɒk/ wok | /wɔːk/ walk |

4. all　　board/bored　　born　　cause　　court　　fall　　force　　forth
hall/haul　　port　　sort　　ward　　yours

5. fault　　launch　　salt　　discourse　　explore　　export　　ignore　　important
inform　　install　　withdraw

6. awful　　border　　daughter　formal　　format　　former　　fortune　forward
gorgeous　keyboard　landlord　lawyer　　normal　　northern　order　　organ
passport　water　　corner　　ordinary　organism　organize　award　　already
before　　disorder　divorce　　enormous　perform　record　　reform　　report
resort　　resource　support　　towards

7. broad　　floor　　　score　　　small　　　sport　　store　　storm　　straw
story　　quarter

8. a tall hall　　　　　　short talk　　　　saw a door　　　　　a ball on the wall
more and more　　　draw a horse　　　walk on the lawn　　all thoughts

9. It's all my fault.
I saw Paul in the hall.
The pause is rather short.
The daughter bought small forks.
George saw a saw hanging on the wall.

/p/	66
/b/	
/t/	68
/d/	
/k/	70
/g/	
/f/	74
/v/	
/θ/	76
/ð/	
/s/	78
/z/	
/ʃ/	80
/ʒ/	
/h/	82
/r/	84
/tʃ/	88
/dʒ/	
/tr/	90
/dr/	
/ts/	92
/dz/	
/m/	96
/n/	98
/ŋ/	100
/l/	104
/w/	106
/j/	108

发音与拼写　Sound and Spelling

1. 字母组合 al 在 /w/ 音后且重读时发 /ɔː/，如 wall。

2. 字母组合 al 后接 k 时发 /ɔː/，如 chalk、talk、stalk。

3. 字母组合 ar 在 /w/ 音后发 /ɔː/，如 war、wharf。

4. 字母组合 or、oar、ore、our、oor 在重读音节里发 /ɔː/，如 sword、board、snore、pour、door。

5. 字母组合 aw、au、augh、ou 在重读音节里发 /ɔː/，如 jaw、caution、naughty、cough。

6. 字母组合 au 后接字母 l 且在重读音节中时发 /ɔː/，如 fault、baulk。

41

| /iː/ | /ɑː/ | /ɔː/ | **/uː/** | /ɜː/ |

发音要点 Description

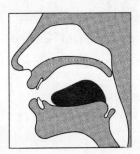

▶ 舌放松，舌尖于自然状态置于下齿后面，舌后部向软腭隆起；

▶ 下颌下移，张开口；

▶ 双唇收圆并向前突出；

▶ 声带振动；

▶ 发连续长音；

▶ 口腔肌肉紧张。

练习 Practice

1. /puː/ poo pooh   /buː/ boo   /tuː/ too/to   /duː/ do   /kuː/ coo coup   /guː/ goo   /fuː/   /suː/ sou

   /zuː/ zoo   /ʃuː/ shoe   /tʃuː/ chew   /dʒuː/ Jew   /truː/ true   /druː/ drew   /muː/ moo   /nuː/ gnu

   /luː/ loo   /huː/ who   /ruː/ roux rue   /wuː/ woo

2.
/puːl/	/buːt/	/tuːθ/	/duːm/	/kuːl/	/guːs/	/fuːl/	/suːp/
pool	boot	tooth	doom	cool	goose	fool	soup

/zuːm/	/ʃuːt/	/tʃuːz/	/dʒuːs/	/truːθ/	/druːp/	/muːd/	/nuːs/
zoom	shoot/chute	choose	juice	truth	droop	mood	noose

/luːs/	/huːz/	/ruːd/	/wuːp/
loose	whose	rude	whoop

3.
/fʊl/ full	/fuːl/ fool		/pʊl/ pull	/puːl/ pool
/hʊd/ hood	/huːd/ who'd		/bʊl/ bull	/buːl/ bool
/kʊd/ could	/kuːd/ cooed		/sʊt/ soot	/suːt/ suit
/lʊk/ look	/luːk/ Luke		/wʊd/ would	/wuːd/ wooed

4. lose　　moon　　move　　roof　　room　　root/route　　soon　　troop
   whom　　movie　　cartoon　　remove　　routine

5. cute　　due　　few　　fuel　　new　　news　　tube　　tune
   use　　used　　view　　queue　　argue　　beauty　　duty　　fumes
   future　　huge　　human　　issue　　menu　　music　　pupil　　tissue
   unit　　value　　virtue　　pursue　　reduce　　review　　unique

6. blue　　clue　　crew　　fruit　　glue　　proof　　prove　　school
   smooth　　through　　exclude　　improve　　include　　refuse

7. a full moon　　　a true fool　　　a loose tooth　　　choose truth
   too soon　　　move the soup　　　two to two　　　shoes and boots

8. No root, no fruit.
   Fools will be fools.
   Ruth chooses new shoes.
   Who is on duty in the room?
   Choose either boots or shoes.

/p/ /b/	66
/t/ /d/	68
/k/ /g/	70
/f/ /v/	74
/θ/ /ð/	76
/s/ /z/	78
/ʃ/ /ʒ/	80
/h/	82
/r/	84
/tʃ/ /dʒ/	88
/tr/ /dr/	90
/ts/ /dz/	92
/m/	96
/n/	98
/ŋ/	100
/l/	104
/w/	106
/j/	108

发音与拼写　Sound and Spelling

1. 字母 o 在重读开音节中发 /uː/，如 who、lose。

2. 字母 u 在字母组合 ru、lu 等开音节中发 /uː/，如 rule、blue。

3. 字母组合 ew 在 ch、j、l、r 后发 /uː/，如 chew、Jew、blew、crew。

4. 字母组合 ui 在 j、r 后发 /uː/，如 juice、fruit。

5. 字母组合 oo 在浊辅音前发 /uː/，如 food、choose。

6. 字母组合 ou 在重读音节中发 /uː/，如 route、through、youth、soup。

/iː/	/ɑː/	/ɔː/	/uː/	/ɜː/

发音要点 Description

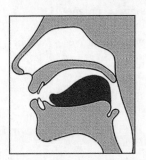

▶ 舌放松，舌尖于自然状态下置于下齿后面，舌
中部微微向硬腭隆起；

▶ 下颌稍下移，张开口；

▶ 双唇呈自然状态；

▶ 声带振动；

▶ 发连续长音；

▶ 口腔肌肉放松。

练习 Practice

1. /pɜː/ per /bɜː/ burr /tɜː/ /dɜː/ /kɜː/ cur /gɜː/ /fɜː/ fur /vɜː/

   /θɜː/ /sɜː/ sir /ʃɜː/ /tʃɜː/ /dʒɜː/ /mɜː/ myrrh /nɜː/ /lɜː/

   /hɜː/ her /wɜː/ were whir/whirr

2. /pɜːs/ /bɜːd/ /tɜːm/ /dɜːt/ /kɜːl/ /gɜːl/ /fɜːm/ /vɜːb/
   purse bird term dirt curl girl firm verb

   /θɜːd/ /sɜːv/ /ʃɜːt/ /tʃɜːtʃ/ /dʒɜːm/ /mɜːdʒ/ /nɜːs/ /lɜːk/
   third serve shirt church germ merge nurse lurk

   /hɜːt/ /wɜːd/
   hurt word

3.

/bɜːn/ burn	/ˈbɜːnə/ burner	/sɜːv/ serve	/ˈsɜːvə/ server
/lɜːn/ learn	/ˈlɜːnə/ learner	/sɜːf/ surf	/ˈsɜːfə/ surfer
/mɜːdʒ/ merge	/ˈmɜːdʒə/ merger	/tɜːn/ turn	/ˈtɜːnə/ turner
/kɜːl/ curl	/ˈkɜːlə/ curler	/wɜːk/ work	/ˈwɜːkə/ worker
/ɜːn/ earn	/ˈɜːnə/ earner	/rɪˈsɜːtʃ/ research	/rɪˈsɜːtʃə/ researcher

4. earth   birth   curve   hers   nerve   search   urge   worth

5. burden   certain   circuit   curly   dirty   early   further   journey
   murder   nervous   person   purchase   purpose   servant   service   surface
   urban   urgent   version   deserve   determine   emerge   occur   refer
   return   transfer

6. circle   first   world   stir   prefer   preserve   concern   convert
   internal

7. her shirt   a firm girl   hurt a bird   the first term
   learn the verb   work in a church   the third world   an early bird

8. A worm will turn.

   First come, first served.

   She gave birth to a third girl.

   The girl heard the nurse work.

   They learned the word early that term.

/p/	66
/b/	
/t/	68
/d/	
/k/	70
/g/	
/f/	74
/v/	
/θ/	76
/ð/	
/s/	78
/z/	
/ʃ/	80
/ʒ/	
/h/	82
/r/	84
/tʃ/	88
/dʒ/	
/tr/	90
/dr/	
/ts/	92
/dz/	
/m/	96
/n/	98
/ŋ/	100
/l/	104
/w/	106
/j/	108

发音与拼写 Sound and Spelling

1. 字母 er、ir、ur、ear、our 在重读音节中发 /ɜː/，如 term、girl、purse、heard、journal。

2. 字母 or 在 /w/ 后且重读时经常发 /ɜː/，如 word、world。

45

第3单元
UNIT 3

元　音 Vowels

双元音 Diphthongs

/eɪ/ /aɪ/ /ɔɪ/ /əʊ/ /aʊ/ /ɪə/ /eə/ /ʊə/

　　双元音由两个单元音组成，发音时由一个短元音向另一个短元音滑动。双元音的发音前提是读好单元音。

　　双元音的第一个发音要领在于前重后轻，即第一个元音的发音响亮清晰，而第二个元音较轻弱；第二个要领是前长后短，即第一个元音的发音较长，而第二个元音的发音较短。注意：双元音是一个音，不要读成两个音。

　　双元音一般分为两类：合口双元音（the closing diphthongs）和集中双元音（the centring diphthongs）。

　　合口双元音包括 /eɪ/、/aɪ/、/ɔɪ/、/əʊ/、/aʊ/，可分为两组：一组为 /eɪ/、/aɪ/、/ɔɪ/，另一组为 /əʊ/、/aʊ/。在第一组中，发音是从前元音 /e/ 和后元音 /a/、/ɔ/ 滑向第二个音 /ɪ/，口形在滑动过程中由大变小；第二组发音由中元音 /ə/ 和后元音 /a/ 滑向 /ʊ/，口形在自然状态下由展开到稍稍收圆。这两组音都有一个口形从大到小、从展开到收圆的过程，所以叫合口双元音。

　　集中双元音包括 /ɪə/、/eə/、/ʊə/，这三个音都是从前元音 /ɪ/、/e/ 和后元音 /ʊ/ 滑向中元音 /ə/ 进行发音。

/eɪ/	/aɪ/	/ɔɪ/	/əʊ/	/aʊ/	/ɪə/	/eə/	/ʊə/

发音要点 Description

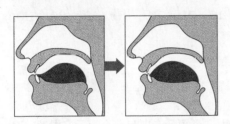

▶ 先做好发 /e/ 的准备：舌放松，舌尖于自然状态下置于下齿后面，舌中部微微隆起；

▶ 下颌下移，半开口；

▶ 滑向 /ɪ/ 音。/e/ 重 /ɪ/ 轻，/e/ 长 /ɪ/ 短；

▶ 发音时，下颌上移，口形由开到合。舌由中部微微隆起到前部微微隆起。整个发音滑行过程止于 /ɪ/ 音的口形与舌位。

练习 Practice

1. /peɪ/ pay /beɪ/ bay /teɪ/ /deɪ/ day /keɪ/ Kay /geɪ/ gay /feɪ/ fay /veɪ/

/θeɪ/ /seɪ/ say /zeɪ/ /ʃeɪ/ shay /tʃeɪ/ /dʒeɪ/ jay /treɪ/ tray /dreɪ/ dray

/meɪ/ may /neɪ/ nay /leɪ/ lay /heɪ/ hay /reɪ/ ray /weɪ/ way

2. /peɪd/ paid /beɪs/ base /teɪk/ take /deɪt/ date /keɪs/ case /geɪt/ gate /feɪs/ face /veɪg/ vague

/θeɪn/ thane /seɪm/ same /'zeɪnɪ/ zany /ʃeɪk/ shake /tʃeɪs/ chase /dʒeɪd/ jade /treɪd/ trade /dreɪp/ drape

/meɪk/ make /neɪm/ name /leɪt/ late /heɪt/ hate /reɪs/ race /weɪk/ wake

3.

/bel/ bell	/beɪl/ bail	/ket/ ket	/keɪt/ Kate
/det/ debt	/deɪt/ date	/pen/ pen	/peɪn/ pain
/fel/ fell	/feɪl/ fail	/red/ red	/reɪd/ raid
/et/ ate	/eɪt/ eight	/sel/ sell	/seɪl/ sail/sale
/mes/ mess	/meɪs/ mace	/wet/ wet	/weɪt/ wait/weight

4. age　　　aid　　　aim　　　bake　　　chain　　　faith　　　gain　　　lane/lain

   mail/male　mate　　page　　　phase　　rail　　　raise　　safe　　sake

   shame　　shape　　tail/tale　they　　　wage　　　wait

5. change　naked　　taste　　waste　　agent　　arrange　chamber　pastry

   railway　display　enable　　engage　escape　explain　exchange　mistake

   inflation　obtain

6. baby　　bacon　　daily　　data　　　essay　　failure　　famous　　favour

   female　label　　labour　　lady　　　later　　layer　　major　　maybe

   nation　nature　　native　　patient　payment　decade　detail　　navy

   awake　away　　behave　　debate　delay　　erase　　relate　　remain

   retain　sustain　today

7. blame　brain　　brave　　claim　　frame　　great　　phrase　place

   play　　plain/plane　plate　　pray　　snake　　space　　stay　　stake

   state　stage　　straight　strange　status　　replace　crazy　create

8. a day in May　　bake a cake　　change the name　　the same day

   make hay　　save face　　the late train　　wait at the gate

9. No pains, no gains.

   Haste makes waste.

   Call a spade a spade.

   A penny saved is a penny gained.

   I may stay away and play with Kate.

/p/	66
/b/	
/t/	68
/d/	
/k/	70
/g/	
/f/	74
/v/	
/θ/	76
/ð/	
/s/	78
/z/	
/ʃ/	80
/ʒ/	
/h/	82
/r/	84
/tʃ/	88
/dʒ/	
/tr/	90
/dr/	
/ts/	92
/dz/	
/m/	96
/n/	98
/ŋ/	100
/l/	104
/w/	106
/j/	108

发音与拼写　Sound and Spelling

1. 字母 a 在重读开音节中发 /eɪ/，如 cake。

2. 字母 a 在字母组合 tion 和 nge 前发 /eɪ/，如 relation、change。

3. 字母组合 ai、ay、ey 在重读音节中发 /eɪ/，如 rain、lay、grey。

4. 字母组合 ea 有时发 /eɪ/，如 great、break。

| /eɪ/ | **/aɪ/** | /ɔɪ/ | /əʊ/ | /aʊ/ | /ɪə/ | /eə/ | /ʊə/ |

发音要点　Description

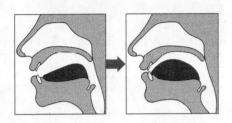

▸ 先发接近于 /ɑː/ 的音：舌放松，舌
尖离开下齿，舌后部向软腭隆起；
▸ 下颌下移，张开口；
▸ 滑向 /ɪ/ 音。/a/ 重 /ɪ/ 轻，/a/ 长 /ɪ/ 短；
▸ 发音时，下颌上移，口形由开到合。舌
由后部隆起到前部微微隆起。整个发
音滑行过程止于 /ɪ/ 音的口形与舌位。

练习　Practice

1. /paɪ/ pie　/baɪ/ by/bye buy　/taɪ/ tie　/daɪ/ die dye　/kaɪ/　/gaɪ/ guy　/faɪ/　/vaɪ/ vie

　/saɪ/ sigh　/zaɪ/　/ʃaɪ/ shy　/tʃaɪ/　/dʒaɪ/　/traɪ/ try　/draɪ/ dry　/maɪ/ my

　/naɪ/ nigh　/laɪ/ lie　/haɪ/ high　/raɪ/ rye wry　/waɪ/ why

2. /paɪp/　/baɪk/　/taɪm/　/daɪv/　/kaɪt/　/gaɪd/　/faɪt/　/vaɪs/
　pipe　bike　time　dive　kite　guide　fight　vice

　/saɪd/　/ˈzaɪgəʊt/　/ʃaɪn/　/tʃaɪm/　/dʒaɪv/　/traɪb/　/draɪv/　/maɪt/
　side　zygote　shine　chime　jive　tribe　drive　might

　/naɪs/　/laɪk/　/haɪd/　/raɪt/　/waɪd/
　nice　like　hide　right/rite/　wide
　　　　　　　　　write

3.
/bɑː/ bar	/baɪ/ buy/by/bye	/eɪl/ ail	/aɪl/ aisle
/mɑː/ mar	/maɪ/ my	/weɪ/ way	/waɪ/ why
/dɑːn/ darn	/daɪn/ dine	/keɪt/ Kate	/kaɪt/ kite
/fɑːt/ fart	/faɪt/ fight	/meɪl/ male/mail	/maɪl/ mile
/hɑːt/ heart	/haɪt/ height	/reɪd/ raid	/raɪd/ ride

4. eye　　　bite　　　fine　　　ice　　　knife　　　line　　　live①　　　mine
   rise　　　sight/site　sign　　　size　　　type　　　while　　　white　　　wife
   wine　　　wise

5. cycle　　find　　　fire　　　mind　　　bicycle　　client　　island　　behind
   entitle　　finance　　myself　　remind　　silence

6. ally　　　either　　driver　　minor　　neither　　tiny　　　writer　　final
   item　　　pilot　　　vital　　　deny　　　rely　　　alive　　　arise　　　arrive
   aside　　　beside　　decide　　define　　design　　divide　　highlight　polite
   resign　　survive　　united

7. bright　　climb　　crime　　flight　　fry　　　price　　　pride　　　prize
   quite　　　slide　　　slight　　smile　　　spite　　　strike　　style　　　combine
   comprise　confine　crisis　　decline　　describe　delighted　despite　　imply
   inside　　invite　　private　　provide　　supply　　surprise

8. by and by　　　　　high in the sky　　　life time　　　　　a nice pie
   five to five　　　　quite right　　　　　ride a bike　　　　side by side

9. Mike's wife is kind.
   Out of sight, out of mind.
   I might buy a bike on Friday.
   Five times five is twenty-five.
   The kite is flying high in the sky.

/p/ /b/	66
/t/ /d/	68
/k/ /g/	70
/f/ /v/	74
/θ/ /ð/	76
/s/ /z/	78
/ʃ/ /ʒ/	80
/h/	82
/r/	84
/tʃ/ /dʒ/	88
/tr/ /dr/	90
/ts/ /dz/	92
/m/	96
/n/	98
/ŋ/	100
/l/	104
/w/	106
/j/	108

发音与拼写　Sound and Spelling

1. 字母 i 在重读开音节中发 /aɪ/，如 hi、bike。

2. 字母组合 ign、ind、ild 中的字母 i 发 /aɪ/，如 assign、find、mild。

3. 字母组合 igh 中的字母 i 发 /aɪ/，如 high、might。

4. 字母 y 在重读开音节中发 /aɪ/，如 by、type。

5. 字母组合 ie 在单音节单词词尾时发 /aɪ/，如 pie。

---

① live 有两种读音：/lɪv/ 和 /laɪv/，意义不同。

/eɪ/	/aɪ/	/ɔɪ/	/əʊ/	/aʊ/	/ɪə/	/eə/	/ʊə/

发音要点　Description

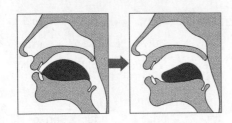

▶ 先发接近于 /ɔ:/ 的音：舌放松，
舌尖于自然状态下置于下齿后面，
舌后部向软腭隆起；

▶ 下颌下移，开口较大；

▶ 双唇收圆并稍向前突出；

▶ 滑向 /ɪ/ 音。/ɔ/ 重 /ɪ/ 轻，/ɔ/ 长 /ɪ/ 短；

▶ 发音时，下颌上移，双唇由圆到
自然状态。舌由后部隆起到前部
微微隆起。整个发音滑行过程止
于 /ɪ/ 音的口形与舌位。

/ɪ/ 20
/e/ 22
/æ/ 24
/ɒ/ 26
/ʌ/ 28
/ʊ/ 30
/ə/ 32
/i:/ 36
/ɑ:/ 38
/ɔ:/ 40
/u:/ 42
/ɜ:/ 44
/eɪ/ 48
/aɪ/ 50
/ɔɪ/ 52
/əʊ/ 54
/aʊ/ 56
/ɪə/ 58
/eə/ 60
/ʊə/ 62

练习　Practice

1. /pɔɪ/　　/bɔɪ/ boy　/tɔɪ/ toy　/kɔɪ/ coy　/fɔɪ/　　/vɔɪ/　　/sɔɪ/　　/tʃɔɪ/

   /dʒɔɪ/ joy　/trɔɪ/　　/drɔɪ/　　/mɔɪ/　　/nɔɪ/　　/lɔɪ/　　/hɔɪ/　　/rɔɪ/

2. /pɔɪz/　　/bɔɪl/　　/tɔɪl/　　/kɔɪn/　　/fɔɪl/　　/vɔɪs/　　/sɔɪl/　　/tʃɔɪs/
   poise　　boil　　toil　　coin　　foil　　voice　　soil　　choice

   /dʒɔɪn/　/ˈtrɔɪkə/　/drɔɪt/　　/mɔɪst/　　/nɔɪz/　　/lɔɪn/　　/hɔɪst/　　/brɔɪl/
   join　　troika　　droit　　moist　　noise　　loin　　hoist　　broil

3.
/ɔ:l/ all	/ɔɪl/ oil
/bɔ:/ bore	/bɔɪ/ boy
/bɔ:l/ ball	/bɔɪl/ boil

/lɔ:d/ lord	/lɔɪd/ Lloyd
/kɔ:n/ corn	/kɔɪn/ coin
/pɔ:d/ poured	/pɔɪd/ poid

4. joint　　loyal　　royal　　toilet　　voyage　　annoy　　avoid　　appoint
   destroy　employ　enjoy　　exploit　　oyster　spoil　　buoyant

5.　the boy's toy　　the voice of joy　　toil and moil　　　　voice and noise

　　boil the oil　　　point by point　　the choice of a coin　toil on the soil

6.　Roy's toys are noisy.

　　No joy without annoy.

　　Roy is enjoying the new toy.

　　A noisy noise annoys an oyster most.

　　Lloyd is disappointed that the toil is spoilt.

发音与拼写　Sound and Spelling

字母组合 oi 和 oy 发 /ɔɪ/，如 join、boy。

/p/	66
/b/	
/t/	68
/d/	
/k/	70
/g/	
/f/	74
/v/	
/θ/	76
/ð/	
/s/	78
/z/	
/ʃ/	80
/ʒ/	
/h/	82
/r/	84
/tʃ/	88
/dʒ/	
/tr/	90
/dr/	
/ts/	92
/dz/	
/m/	96
/n/	98
/ŋ/	100
/l/	104
/w/	106
/j/	108

/eɪ/	/aɪ/	/ɔɪ/	**/əʊ/**	/aʊ/	/ɪə/	/eə/	/ʊə/

发音要点 Description

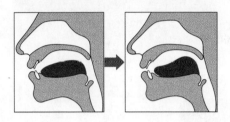

▶ 先发接近于 /ɜː/ 的音：舌放松，
舌尖于自然状态下置于下齿后面，
舌中部微微隆起；

▶ 下颌下移，自然张口；

▶ 双唇稍向两侧展开,口腔肌肉放松;

▶ 滑向 /ʊ/ 音。/ə/ 重 /ʊ/ 轻，/ə/ 长 /ʊ/ 短;

▶ 发音时，下颌上移，双唇由自然状
态到微圆。舌由中部微隆到后部稍
隆。整个滑行过程止于 /ʊ/ 音的口
形与舌位。

练习 Practice

/ɪ/ 20
/e/ 22
/æ/ 24
/ɒ/ 26
/ʌ/ 28
/ʊ/ 30
/ə/ 32
/iː/ 36
/ɑː/ 38
/ɔː/ 40
/uː/ 42
/ɜː/ 44
/eɪ/ 48
/aɪ/ 50
/ɔɪ/ 52
/əʊ/ 54
/aʊ/ 56
/ɪə/ 58
/eə/ 60
/ʊə/ 62

1. /pəʊ/   /bəʊ/ bow /təʊ/ toe /dəʊ/ dough /kəʊ/   /gəʊ/ go /fəʊ/ foe /vəʊ/
/ðəʊ/ though /səʊ/ so/sow /zəʊ/   /ʃəʊ/ show /tʃəʊ/   /dʒəʊ/ Joe /trəʊ/   /drəʊ/
/məʊ/ mow /nəʊ/ no /ləʊ/ low /həʊ/ hoe /rəʊ/ roe/row /wəʊ/ woe /jəʊ/

2. /pəʊz/ /bəʊt/ /təʊn/ /dəʊz/   /kəʊm/ /gəʊt/ /fəʊk/ /vəʊt/
   pose   boat   tone   doze   comb   goat   folk   vote

   /ðəʊz/ /səʊp/ /zəʊn/ /ʃəʊn/   /tʃəʊz/ /dʒəʊk/ /trəʊp/ /drəʊv/
   those   soap   zone   shown/shone   chose   joke   trope   drove

   /məʊd/ /nəʊz/ /ləʊd/ /həʊm/   /rəʊp/ /wəʊv/ /jəʊk/
   mode   nose   load   home   rope   wove   yoke

3.
/bɒt/ bot	/bəʊt/ boat	/meɪd/ made	/məʊd/ mode
/kɒp/ cop	/kəʊp/ cope	/reɪd/ raid	/rəʊd/ road/rode
/hɒp/ hop	/həʊp/ hope	/seɪk/ sake	/səʊk/ soak
/nɒt/ knot/not	/nəʊt/ note	/teɪl/ tale/tail	/təʊl/ toll
/wɒk/ wok	/wəʊk/ woke	/meɪn/ main/mane	/məʊn/ moan

4. owe　　oak　　own　　bowl　　coach　　coal　　coat　　code
cope　　hole　　hope　　loan　　note　　role　　rose　　sole/soul
phone　　whole

5. coast　gold　　hold　　most　　post　　also　　envelope　moment
poster　shoulder　soldier　window　control　exposure　impose

6. bonus　　borrow　　fellow　follow　　holy　　local　　memo　　motion
narrow　　nobody　　notice　notion　　ocean　over　　owner　　photo
pillow　　poem　　poet　　poetry　　shadow　yellow　focus　　open
social　　ago　　alone　　although　below　　emotion　piano　　potato
tomato　　tomorrow　locate　oppose　　remote　suppose

7. blow　　bloke　　broken　close　　clothes　flow　　grow　　gross
growth　quote　　scope　slow　　smoke　　snow　　stone　　stroke
throw　　throat　global　program　protein　swallow　process　promote

8. go home　　　　　hope so　　　　a coat show　　　a phone code
don't know　　　　no coal　　　　row a boat　　　wrote a note

9. Don't go home alone.

Joe shows Joan his roses.

They own their own home.

We both hope it's going to snow.

Go and open the window, and show me the photo.

/p/ /b/	66
/t/ /d/	68
/k/ /g/	70
/f/ /v/	74
/θ/ /ð/	76
/s/ /z/	78
/ʃ/ /ʒ/	80
/h/	82
/r/	84
/tʃ/ /dʒ/	88
/tr/ /dr/	90
/ts/ /dz/	92
/m/	96
/n/	98
/ŋ/	100
/l/	104
/w/	106
/j/	108

发音与拼写　Sound and Spelling

1. 字母 o 在重读开音节中发 /əʊ/，如 go、note。

2. 字母 o 在词首时有时发 /əʊ/，如 over、only。

3. 字母组合 ou、ow 有时发 /əʊ/，如 low、soul。

4. 字母组合 oa 在重读音节中且后面不接字母 r 时发 /əʊ/，如 goat。但 broad 除外。

5. 字母组合 oe 在词尾时发 /əʊ/，如 toe。但 shoe 和 canoe 除外。

6. 字母 o 后接字母 l 有时发 /əʊ/，如 told、mold。

| /eɪ/ | /aɪ/ | /ɔɪ/ | /əʊ/ | **/aʊ/** | /ɪə/ | /eə/ | /ʊə/ |

发音要点 Description

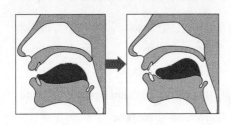

▶ 先做好发 /æ/ 的准备：舌放松，
舌尖于自然状态置下于下齿后面，
舌后部位置降低；

▶ 下颌下移，开口较大；

▶ 双唇向两侧展开，嘴角肌肉紧张；

▶ 滑向 /ʊ/ 音。/a/ 重 /ʊ/ 轻, /a/ 长 /ʊ/ 短；

▶ 发音时，下颌上移，双唇由展开
到微圆。舌由后部稍隆起。整个
发音滑行过程止于 /ʊ/ 音的口形与
舌位。

/ɪ/ 20
/e/ 22
/æ/ 24
/ɒ/ 26
/ʌ/ 28
/ʊ/ 30
/ə/ 32
/iː/ 36
/ɑː/ 38
/ɔː/ 40
/uː/ 42
/ɜː/ 44
/eɪ/ 48
/aɪ/ 50
/ɔɪ/ 52
/əʊ/ 54
/aʊ/ 56
/ɪə/ 58
/eə/ 60
/ʊə/ 62

练习 Practice

1. /paʊ/ pow   /baʊ/ bow   /taʊ/ Tao   /daʊ/   /kaʊ/ cow   /gaʊ/   /faʊ/   /vaʊ/ vow

   /θaʊ/   /saʊ/ sow   /ʃaʊ/   /tʃaʊ/ chow   /dʒaʊ/   /traʊ/   /draʊ/   /maʊ/

   /naʊ/ now   /laʊ/   /haʊ/ how   /raʊ/ row

2. /paʊtʃ/   /baʊt/   /taʊt/   /daʊt/   /kaʊtʃ/   /gaʊt/   /faʊl/   /vaʊtʃ/
   pouch   bout   tout   doubt   couch   gout   foul/ fowl   vouch

   /ˈθaʊzənd/   /saʊθ/   /ʃaʊt/   /ˈtʃaʊdə/   /dʒaʊl/   /traʊt/   /draʊt/   /maʊs/
   thousand   south   shout   chowder   jowl   trout   drought   mouse

   /naʊt/   /laʊd/   /haʊs/   /raʊt/
   nowt   loud   house   rout

3.

/æt/ at	/aʊt/ out	/fɔːl/ fall	/faʊl/ fowl/foul
/læd/ lad	/laʊd/ loud	/hɔːs/ horse	/haʊs/ house
/mæs/ mass	/maʊs/ mouse	/nɔː/ nor	/naʊ/ now
/ʃæt/ shat	/ʃaʊt/ shout	/tɔːn/ torn	/taʊn/ town
/sænd/ sand	/saʊnd/ sound	/dɔːn/ dawn	/daʊn/ down

4. bounce   count   pound   round   our/hour   shower   tower   voucher   power

5. about   account   amount   announce around   council   counter   mountain   without   outcome   output   outfit   outside   discount   brown   cloud   crowd   crown   flower   ground   proud   allow

6. down south   shout out   out of town   a mouse in a house   bow down   how about   a loud sound   cows and fouls

7. I found a mouse in the house.

How about going downtown?

Round and round the house shouted the crowd.

Without a doubt, the Browns were out just now.

He was allowed into the house once she found out about the flowers.

/p/	66
/b/	
/t/	68
/d/	
/k/	70
/g/	
/f/	74
/v/	
/θ/	76
/ð/	
/s/	78
/z/	
/ʃ/	80
/ʒ/	
/h/	82
/r/	84
/tʃ/	88
/dʒ/	
/tr/	90
/dr/	
/ts/	92
/dz/	
/m/	96
/n/	98
/ŋ/	100
/l/	104
/w/	106
/j/	108

发音与拼写　Sound and Spelling

1. 字母组合 ow 有时发 /aʊ/，如 gown。

2. 字母组合 ou 有时发 /aʊ/，如 house、pound。

/eɪ/	/aɪ/	/ɔɪ/	/əʊ/	/aʊ/	/ɪə/	/eə/	/ʊə/

发音要点 Description

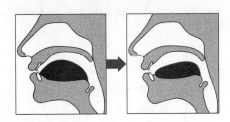

▶ 先做好发 /ɪ/ 的准备：舌放松，舌尖于自然状态下置于下齿后面，舌前部微微隆起；

▶ 下颌下移，自然张口；

▶ 双唇呈自然状态，口腔肌肉放松；

▶ 滑向 /ə/ 音。/ɪ/ 重 /ə/ 轻，/ɪ/ 长 /ə/ 短；

▶ 发音时，下颌微下移，双唇呈自然状态。舌由前部微隆到中部微隆。整个发音滑行过程止于 /ə/ 音的口形与舌位。

/ɪ/ 20
/e/ 22
/æ/ 24
/ɒ/ 26
/ʌ/ 28
/ʊ/ 30
/ə/ 32
/iː/ 36
/ɑː/ 38
/ɔː/ 40
/uː/ 42
/ɜː/ 44
/eɪ/ 48
/aɪ/ 50
/ɔɪ/ 52
/əʊ/ 54
/aʊ/ 56
/ɪə/ 58
/eə/ 60
/ʊə/ 62

练习 Practice

1. /pɪə/ peer /bɪə/ beer /tɪə/ tear /dɪə/ dear deer /kɪə/ /gɪə/ gear /fɪə/ fear /vɪə/ veer

/θɪə/ /sɪə/ sear /zɪə/ /ʃɪə/ sheer /tʃɪə/ cheer /dʒɪə/ jeer /drɪə/ drear /mɪə/ mere

/nɪə/ near /lɪə/ leer /hɪə/ hear here /rɪə/ rear /wɪə/ weir

2. /pɪəs/ pierce /bɪəd/ beard /'tɪərɪ/ teary /'dɪəlɪ/ dearly /kɪəʃ/ kirsch /'gɪərɪŋ/ gearing /fɪəs/ fierce /'vɪərɪŋ/ veering

/'θɪətə/ theatre /'sɪərə/ sera /'zɪərəʊ/ zero /ʃɪəz/ shears /tʃɪəz/ cheers /'dʒɪərɪŋ/ jeering /'drɪərɪ/ dreary /'mɪəlɪ/ merely

/'nɪəlɪ/ nearly /'lɪərɪ/ leery /'hɪərəʊ/ hero /rɪəl/ real /wɪəd/ weird

3.

/pɪl/ pill	/pɪə/ peer	/tʃɪl/ chill	/tʃɪə/ cheer
/bɪl/ bill	/bɪə/ beer	/drɪl/ drill	/drɪə/ drear
/tɪl/ till	/tɪə/ tear	/mɪl/ mill	/mɪə/ mere
/dɪl/ dill	/dɪə/ dear/deer	/nɪl/ nil	/nɪə/ near
/fɪl/ fill	/fɪə/ fear	/hɪl/ hill	/hɪə/ hear/here

4. ear　　barrier　junior　media　　obvious　period　really　senior
   series　theory　clear　queer　　appear　career　cereal　engineer
   familiar　idea　ideal　immediate　inferior　material　nuclear　severe
   sincere　superior　previous

5. near the beer　　　　from ear to ear　　　hear the deer　　　　year after year
   a clear idea　　　　appear here　　　　　a sincere tear　　　　a real hero

6. The beer is really dear.
   New Year's Day is near.
   I fear a deer is near the theatre.
   He's quite serious and really sincere.
   He appeard near here with a glass of beer.

/p/ /b/	66
/t/ /d/	68
/k/ /g/	70
/f/ /v/	74
/θ/ /ð/	76
/s/ /z/	78
/ʃ/ /ʒ/	80
/h/	82
/r/	84
/tʃ/ /dʒ/	88
/tr/ /dr/	90
/ts/ /dz/	92
/m/	96
/n/	98
/ŋ/	100
/l/	104
/w/	106
/j/	108

发音与拼写　Sound and Spelling

1. 字母 e 在重读音节中且后面有字母 r 时发 /ɪə/，如 hero、zero。

2. 字母组合 ear、eer、ere、ier、iou、io、ior/iour 有时发 /ɪə/，如 fear、beer、here、pier、curious、accordion、behavior/behaviour。

/eɪ/	/aɪ/	/ɔɪ/	/əʊ/	/aʊ/	/ɪə/	**/eə/**	/ʊə/

发音要点　Description

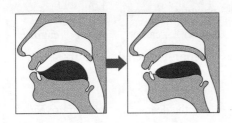

▶ 先做好发 /e/ 的准备：舌放松，舌尖于自然状态下置于下齿后面，舌前部微微隆起；

▶ 下颌下移，开口略大于 /ɪ/；

▶ 双唇微微向两侧展开，口腔肌肉放松；

▶ 滑向 /ə/ 音。/e/ 重 /ə/ 轻, /e/ 长 /ə/ 短；

▶ 发音时，下颌不动，双唇由展开到自然状态。舌由前部微隆到中部微隆。整个发音滑行过程止于 /ə/ 音的口形与舌位。

/ɪ/	20
/e/	22
/æ/	24
/ɒ/	26
/ʌ/	28
/ʊ/	30
/ə/	32
/iː/	36
/ɑː/	38
/ɔː/	40
/uː/	42
/ɜː/	44
/eɪ/	48
/aɪ/	50
/ɔɪ/	52
/əʊ/	54
/aʊ/	56
/ɪə/	58
/eə/	60
/ʊə/	62

练习　Practice

1. /peə/ pair pear　/beə/ bare bear　/teə/ tare tear　/deə/ dare　/keə/ care　/geə/ gare　/feə/ fair fare

/veə/　/ðeə/ their there　/ʃeə/ share　/tʃeə/ chair　/meə/ mair mayor　/neə/　/leə/ lair

/heə/ hair hare　/reə/ rare　/weə/ wear where

2. /ˈpeərənt/ parent　/ˈbeərə/ bearer　/ˈteərəweɪ/ tearaway　/ˈdeərɪ/ dairy　/ˈkeələs/ careless　/ˈgeərɪʃ/ garish　/ˈfeəweɪ/ fairway

/ˈveərɪ/ vary　/ˈðeəfɔː/ therefore　/ˈʃeəweə/ shareware　/ˈtʃeərɪ/ chary　/ˈmeərɪs/ mayoress　/ˈneərɪ/ nary　/ˈleərɪ/ lairy

/ˈheələs/ hairless　/ˈreəlɪ/ rarely　/ˈweərɪ/ wary

3.

/ɪə/ ear	/eə/ air/heir		/rɪə/ rear	/reə/ rare
/bɪə/ beer	/beə/ bare/bear		/tʃɪə/ cheer	/tʃeə/ chair
/hɪə/ hear/here	/heə/ hair/hare		/lɪə/ leer/lear	/leə/ lare
/tɪə/ tear	/teə/ tear		/wɪə/ weir	/weə/ where/wear
/pɪə/ peer	/peə/ pear/pair		/ʃɪə/ sheer	/ʃeə/ share

4.　yeah　　theirs　　area　　careful　　fairly　　nowhere

welfare　whereby　various　whereas　elsewhere　upstairs

aware　　repair　　unfair　compare　declare　　prayer

scared　　spare　　stair/stare　swear　　square　　prepare

5.　fair hair　　　　　a bear lair　　　　　a rare hare

their chairs　　　　dare to share　　　　wear and tear

6.　Give Clare a fair share of the pear.

The pear is over there on the chair.

Where there's a will, there's a way.

Take care of the rare hare and the hairy bear.

It's unfair to compare their hair with their chair.

/p/	66
/b/	
/t/	68
/d/	
/k/	70
/g/	
/f/	74
/v/	
/θ/	76
/ð/	
/s/	78
/z/	
/ʃ/	80
/ʒ/	
/h/	82
/r/	84
/tʃ/	88
/dʒ/	
/tr/	90
/dr/	
/ts/	92
/dz/	
/m/	96
/n/	98
/ŋ/	100
/l/	104
/w/	106
/j/	108

发音与拼写　Sound and Spelling

1. 字母 a 在重读音节中且后面有字母 r 时发 /eə/，如 vary、Mary。

2. 字母组合 are、air 有时发 /eə/，如 fare、fair。

3. 字母组合 ear、eir、ere 有时发 /eə/，如 bear、their、there。

4. 字母组合 ayor 发 /eə/，如 mayor。

| /eɪ/ | /aɪ/ | /ɔɪ/ | /əʊ/ | /aʊ/ | /ɪə/ | /eə/ | /ʊə/ |

发音要点 Description

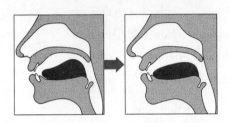

▶ 先做好发 /ʊ/ 的准备：舌放松，舌尖于自然状态下置于下齿后面，舌后部隆起；

▶ 下颌下移，自然张口；

▶ 双唇收圆且向前突出，口腔肌肉放松；

▶ 滑向 /ə/ 音。/ʊ/ 重 /ə/ 轻，/ʊ/ 长 /ə/ 短；

▶ 发音时，下颌微下移，双唇由圆到自然状态。舌由后部隆起到中部微微隆起。整个发音滑行过程止于 /ə/ 音的口形与舌位。

练习 Practice

1.
| /pʊə/ poor | /bʊə/ boor | /tʊə/ tour | /ʃʊə/ sure | /mʊə/ moor | /lʊə/ lure | /gʊəd/ gourd | /pjʊə/ pure |

| /kjʊə/ cure | /ˈbʊərɪʃ/ boorish | /ˈdʒʊərɪ/ jury | /ˈrʊərəl/ rural | /ˈjuːʒʊəl/ usual | /məˈtʃʊə/ mature | /ˈkæʒʊəl/ casual |

2.
/pɪə/ peer	/peə/ pair/pear	/pʊə/ poor
/bɪə/ beer	/beə/ bare/bear	/bʊə/ boor
/ʃɪə/ sheer	/ʃeə/ share	/ʃʊə/ sure
/lɪə/ leer	/leə/ lair	/lʊə/ lure
/mɪə/ mere	/meə/ mair/mayor	/mʊə/ moor

/ɪ/ 20
/e/ 22
/æ/ 24
/ɒ/ 26
/ʌ/ 28
/ʊ/ 30
/ə/ 32
/iː/ 36
/ɑː/ 38
/ɔː/ 40
/uː/ 42
/ɜː/ 44
/eɪ/ 48
/aɪ/ 50
/ɔɪ/ 52
/əʊ/ 54
/aʊ/ 56
/ɪə/ 58
/eə/ 60
/ʊə/ 62

3. curious　　during　　Europe　　fury　　furious　　February　　fluent　　assure

   endure　　insure　　obscure

4. a poor boor　　　　　　a sure cure　　　　　　a pure jewel

   tour the moor　　　　　cure the poor　　　　　fewer and fewer

5. I'm sure that's pure jewel.

   A gourd is found in the moor.

   The steward was surely cured.

   The curious tourist enjoys his tour.

   The jury was furious when they go neither pure water nor fuel.

发音与拼写　Sound and Spelling

1. 字母组合 ue 在单词中且前面有字母 l 时发 /ʊə/，如 fluent。

2. 字母组合 oor、our、ure 有时发 /ʊə/，如 moor、tour、pure。

/p/	66
/b/	
/t/	68
/d/	
/k/	70
/g/	
/f/	74
/v/	
/θ/	76
/ð/	
/s/	78
/z/	
/ʃ/	80
/ʒ/	
/h/	82
/r/	84
/tʃ/	88
/dʒ/	
/tr/	90
/dr/	
/ts/	92
/dz/	
/m/	96
/n/	98
/ŋ/	100
/l/	104
/w/	106
/j/	108

<table>
<tr><td>

第 4 单元

UNIT 4

</td><td>

辅 音 Consonants

爆破音 Stop Consonants

/p/ /b/ /t/ /d/ /k/ /g/

</td></tr>
</table>

辅音的发音取决于形成阻碍的部位、参与造成阻碍的发音器官、克服阻碍的方式以及声带是否振动等因素。辅音中爆破音的发音方式为:

♦ 软腭上升封闭鼻腔,阻止气流从鼻腔排出;

♦ 两个发音器官互相接触(如双唇互相接触),或者一个主动发音器官与一个被动发音器官接触(如舌叶与上齿龈接触,或舌后部与软腭接触),使口腔和咽腔内形成阻碍,气流不能溢出,且这种阻碍是完全彻底的;

♦ 阻碍形成之后,气流受阻形成气压,之后爆发性地释放;

♦ 在气流释放过程中如果声带振动,就会发出浊爆破音;如果声带没有振动,则发出清爆破音。

爆破音的发音过程可以概括为三个阶段:(1)成阻阶段:发音器官互相接触并形成闭合,即开始形成阻碍;(2)持阻阶段:发音器官保持已经形成的状态并在闭合端后面形成气压,即持续阻碍;(3)除阻阶段:发音器官解除阻碍且气流释放,恢复到原来的静止状态。英语爆破音不是连续音,完成这三个阶段则会完成发音。

英语有六个爆破音。根据发音部位,爆破音可分为双唇爆破音 /p/ 和 /b/、齿龈爆破音 /t/ 和 /d/ 以及软腭爆破音 /k/ 和 /g/。

在这六个爆破音中,/p/、/t/、/k/ 是清辅音,发音时声带不振动;/b/、/d/、/g/ 是浊辅音,发音时声带振动。

| /p/ | /b/ | /t/ | /d/ | /k/ | /g/ |

发音要点 Description

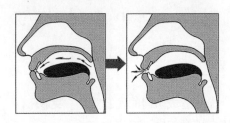

▶ 双唇闭合，阻止气流溢出并使气流在双唇后形成气压；

▶ 气流弹开口腔及双唇泄出，发出爆破音；

▶ 发 /p/ 时，声带不振动。气流连续溢出，送气强，爆破力也强；

▶ 发 /b/ 时，声带振动。

练习 Practice

/ɪ/ 20
/e/ 22
/æ/ 24
/ɒ/ 26
/ʌ/ 28
/ʊ/ 30
/ə/ 32
/iː/ 36
/ɑː/ 38
/ɔː/ 40
/uː/ 42
/ɜː/ 44
/eɪ/ 48
/aɪ/ 50
/ɔɪ/ 52
/əʊ/ 54
/aʊ/ 56
/ɪə/ 58
/eə/ 60
/ʊə/ 62

1. /pɪ/ /pe/ /pæ/ /pɒ/ /pʌ/ /pʊ/ /pə/

   /piː/ /pɑː/ /pɔː/ /puː/ /pɜː/

   /peɪ/ /paɪ/ /pɔɪ/ /pəʊ/ /paʊ/ /pɪə/ /peə/ /pʊə/

2. /pɪg/ /pen/ /pæd/ /pɒp/ /pʌf/ /pʊl/ /'peɪpə/
   pig   pen   pad   pop   puff   pull   paper

   /piːs/ /pɑːt/ /pɔːz/ /puːp/ /pɜːm/
   piece   part   pause   poop   perm

   /peɪs/ /paɪl/ /pɔɪd/ /pəʊl/ /paʊt/ /'pɪəsɪŋ/ /'peərɪŋz/ /'pʊəlɪ/
   pace   pile   poid   pole/poll   pout   piercing   pairings   poorly

3. /bɪ/ /be/ /bæ/ /bɒ/ /bʌ/ /bʊ/ /bə/

   /biː/ /bɑː/ /bɔː/ /buː/ /bɜː/

   /beɪ/ /baɪ/ /bɔɪ/ /bəʊ/ /baʊ/ /bɪə/ /beə/ /bʊə/

4. /bɪd/ /bel/ /bæk/ /bɒm/ /bʌk/ /bʊʃ/ /'bɑːbə/
   bid   bell   back   bomb   buck   bush   barber

   /biːf/ /bɑːk/ /bɔːl/ /buːb/ /bɜːn/
   beef   bark   ball   boob   burn

/beɪt/	/baɪd/	/ˈbɔɪkɒt/	/bəʊn/	/baʊnd/	/ˈbɪədɪŋ/	/ˈbeəbæk/	/ˈbʊəʒwɑː/
bait	bide	boycott	bone	bound	bearding	bareback	bourgeois

/p/	66

5.

/pɑː/ par	/bɑː/ bar	/kæp/ cap	/kæb/ cab
/paɪ/ pie	/baɪ/ by/buy	/mɒp/ mop	/mɒb/ mob
/piː/ pea	/biː/ bee	/rəʊp/ rope	/rəʊb/ robe
/pæk/ pack	/bæk/ back	/rɪp/ rip	/rɪb/ rib
/pɪl/ pill	/bɪl/ bill	/sʌp/ sup	/sʌb/ sub
/pɔːk/ pork	/bɔːk/ balk	/lɪp/ lip	/lɪb/ lib

| /t/ | |
| /d/ | 68 |

| /k/ | 70 |
| /g/ | |

| /f/ | 74 |
| /v/ | |

| /θ/ | 76 |
| /ð/ | |

6. a cheap trip　　　poor people　　　a bad boy　　　book a lab

pay the bill　　　push the bike　　　a big park　　　Bob and Pop

| /s/ | 78 |
| /z/ | |

7. Please pass the pepper.

Peter is picking plums and apples.

Put the pens and pencils by the parcel on a piece of paper.

Ben brought a big bag.

Billy bought the baby a ball.

Both of them lived abroad before the baby was born.

| /ʃ/ | 80 |
| /ʒ/ | |

| /h/ | 82 |

| /r/ | 84 |

| /tʃ/ | 88 |
| /dʒ/ | |

| /tr/ | 90 |
| /dr/ | |

| /ts/ | 92 |
| /dz/ | |

| /m/ | 96 |

| /n/ | 98 |

| /ŋ/ | 100 |

| /l/ | 104 |

| /w/ | 106 |

| /j/ | 108 |

发音与拼写　Sound and Spelling

1. /p/ 的发音与拼写

　1）字母 p 和字母组合 pp 一般发 /p/，如 puppy。

　2）字母组合 pn 和 ps 在词首时，字母 p 不发音。

　3）字母组合 ph 发 /f/，发音与 /p/ 不相关。

　4）字母 p 在有些单词中不发音，如 coup、corps、cupboard、raspberry、receipt。

2. /b/ 的发音与拼写

　1）字母 b 和字母组合 bb 一般发 /b/，如 bubble。

　2）字母组合 mb 和 bt 在词尾时，字母 b 不发音。

| /p/ | /b/ | **/t/** | **/d/** | /k/ | /g/ |

发音要点 Description

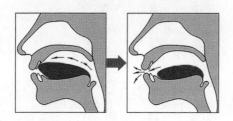

▶ 双唇自然分开，舌尖抵住上齿后面，舌叶顶着上齿龈；

▶ 舌两侧顶着上齿，阻止气流溢出并形成气压；

▶ 气流弹开舌身冲出口腔，形成爆破音；

▶ 发 /t/ 时，声带不振动；

▶ 发 /d/ 时，声带振动。

练习 Practice

/ɪ/ 20
/e/ 22
/æ/ 24
/ɒ/ 26
/ʌ/ 28
/ʊ/ 30
/ə/ 32
/i:/ 36
/ɑ:/ 38
/ɔ:/ 40
/u:/ 42
/ɜ:/ 44
/eɪ/ 48
/aɪ/ 50
/ɔɪ/ 52
/əʊ/ 54
/aʊ/ 56
/ɪə/ 58
/eə/ 60
/ʊə/ 62

1. /tɪ/   /te/   /tæ/   /tɒ/   /tʌ/   /tʊ/   /tə/
    /ti:/   /tɑ:/   /tɔ:/   /tu:/   /tɜ:/
    /teɪ/   /taɪ/   /tɔɪ/   /təʊ/   /taʊ/   /tɪə/   /teə/   /tʊə/

2. /tɪl/   /tek/   /tæk/   /tɒs/   /tʌtʃ/   /tʊʃ/   /ˈtɒtə/
    till   tech   tack   toss   touch   tush   totter

    /ti:n/   /tɑ:p/   /tɔ:t/   /tu:l/   /tɜ:n/
    teen   tarp   taught   tool   turn

    /teɪp/   /taɪt/   /ˈtɔɪlɪt/ /təʊm/   /ˈtaʊnɪ/   /ˈtɪəfəl/ /ˈtɪərɪŋ/ /ˈtʊənɪ/
    tape   tight   toilet   tome   townie   tearful   tearing   tourney

3. /dɪ/   /de/   /dæ/   /dɒ/   /dʌ/   /də/
    /di:/   /dɑ:/   /dɔ:/   /du:/   /dɜ:/
    /deɪ/   /daɪ/   /dəʊ/   /daʊ/   /dɪə/   /deə/   /dʊə/

4. /dɪd/   /dek/   /dæm/   /dɒk/   /dʌn/   /ˈdɒdə/
    did   deck   dam/damn   dock   done   dodder

    /di:l/   /dɑ:t/   /dɔ:b/   /du:ʃ/   /dɜ:k/
    deal   dart   daub   douche   dirk

/deɪz/	/daɪs/	/dəʊm/	/daʊn/	/ˈdɪərɪ/	/ˈdeərɪŋ/	/ˈdʊəlɪ/
daze	dice	dome	down	deary	daring	dourly

5.

/taɪ/ tie	/daɪ/ die/dye
/taʊn/ town	/daʊn/ down
/tɪə/ tear	/dɪə/ dear/deer
/tɪp/ tip	/dɪp/ dip
/tʌtʃ/ touch	/dʌtʃ/ Dutch
/tuː/ too	/duː/ do

/æt/ at	/æd/ add
/niːt/ neat	/niːd/ need
/kəʊt/ coat	/kəʊd/ code
/lɪt/ lit	/lɪd/ lid
/nɒt/ not	/nɒd/ nod
/set/ set	/sed/ said

6. tit for tat　　　　bit by bit　　　　door to door　　　　read the card

a red cart　　　　a deep pit　　　　turn his hand　　　　time and tide

7. It's not that great.

Tell Tom to return ten tickets.

Tim took time to tell us a story.

Dick dug a deep pit.

David had a bad cold.

Dave dislikes drilles even thogh they do him a lot of good.

/p/ 66
/b/
/t/ 68
/d/
/k/ 70
/g/
/f/ 74
/v/
/θ/ 76
/ð/
/s/ 78
/z/
/ʃ/ 80
/ʒ/
/h/ 82
/r/ 84
/tʃ/ 88
/dʒ/
/tr/ 90
/dr/
/ts/ 92
/dz/
/m/ 96
/n/ 98
/ŋ/ 100
/l/ 104
/w/ 106
/j/ 108

发音与拼写　Sound and Spelling

1. /t/ 的发音与拼写

1）字母 t 和字母组合 tt 一般发 /t/，如 title、little。

2）动词 ed 分词在清辅音后发 /t/，如 laughed。

3）在以字母组合 stle 和 sten 结尾的单词中,字母 t 不发音,如 castle、listen。

4）字母 t 在有些单词中不发音，Christmas、soften、often。

5）在以 et 结尾的法语借词中，字母 t 不发音，如 bouquet、ballet、buffet、cachet、chalet、depot、crochet。

2. /d/ 的发音与拼写

字母 d 和字母组合 dd 发 /d/，如 daddy。

| /p/ | /b/ | /t/ | /d/ | **/k/** | **/g/** |

发音要点 Description

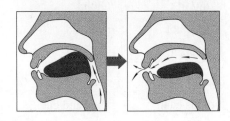

▶ 双唇自然分开，自然张口。舌尖抵住上齿后面，舌后部隆起顶着软腭，阻止气流溢出并形成气压；

▶ 气流弹开舌身冲出口腔，发出爆破音；

▶ 发 /k/ 时，声带不振动；

▶ 发 /g/ 时，声带振动。

练习 Practice

1. /kɪ/   /ke/   /kæ/   /kɒ/   /kʌ/   /kʊ/   /kə/

   /kiː/   /kɑː/   /kɔː/   /kuː/   /kɜː/

   /keɪ/   /kaɪ/   /kɔɪ/   /kəʊ/   /kaʊ/   /kɪə/   /keə/

2. /kɪl/   /ken/   /kæʃ/   /kɒf/   /kʌm/   /kʊm/   /ˈkʊkə/

   kill   ken   cash   cough   come   cum①   cooker

   /kiːn/   /kɑːf/   /kɔːl/   /kuːp/   /kɜːs/

   keen   calf   call   coop   curse

   /keɪk/   /kaɪk/   /kɔɪl/   /kəʊk/   /kaʊl/   /kɪəʃ/   /ˈkeərə/

   cake   kike   coil   coke   cowl   kirsch   carer

3. /gɪ/   /ge/   /gæ/   /gɒ/   /gʌ/   /gʊ/   /gə/

   /giː/   /gɑː/   /gɔː/   /guː/   /gɜː/

   /geɪ/   /gaɪ/   /gəʊ/   /gaʊ/   /gɪə/   /geə/   /gʊə/

----

① cum 有两种读音：/kʊm/ 和 /kʌm/。

/ɪ/ 20
/e/ 22
/æ/ 24
/ɒ/ 26
/ʌ/ 28
/ʊ/ 30
/ə/ 32
/iː/ 36
/ɑː/ 38
/ɔː/ 40
/uː/ 42
/ɜː/ 44
/eɪ/ 48
/aɪ/ 50
/ɔɪ/ 52
/əʊ/ 54
/aʊ/ 56
/ɪə/ 58
/eə/ 60
/ʊə/ 62

4. /gɪg/　/ges/　/gæp/　/gɒt/　/gʌn/　/gʊdz/　/ˈdɪgə/
　　gig　　guess　　gap　　got　　gun　　goods　　digger

　　/giːk/　/gɑːb/　/gɔːl/　/guːp/　/gɜːθ/
　　geek　　garb　　gall　　goop　　girth

　　/geɪm/　/gaɪz/　/gəʊd/　/gaʊn/　/ˈgɪərɪŋ/　/ˈgeərɪʃ/　/ˈgʊəmeɪ/
　　game　　guise　　goad　　gown　　gearing　　garish　　gourmet

5.
/kʌm/ come	/gʌm/ gum	/læk/ lack	/læg/ lag
/keɪm/ came	/geɪm/ game	/lɒk/ lock	/lɒg/ log
/kɪld/ killed	/gɪld/ guild	/liːk/ leek	/liːg/ league
/kəʊl/ coal	/gəʊl/ goal	/pɪk/ pick	/pɪg/ pig
/kʊd/ could	/gʊd/ good	/dʌk/ duck	/dʌg/ dug
/kɑːd/ card	/gɑːd/ guard	/pek/ peck	/peg/ peg

6. cut the cake　　keep the key　　a good girl　　go begging

　　a milk jug　　a kind guide　　a golden car　　a sick dog

7. Cousin Kate can't come.

Keep cool and call a cab.

A cook is looking for a cookbook.

Gary gave us some good gum.

A good beginning makes a good ending.

Give me some eggs and a big jug of beer.

/p/	66
/b/	
/t/	68
/d/	
/k/	70
/g/	
/f/	74
/v/	
/θ/	76
/ð/	
/s/	78
/z/	
/ʃ/	80
/ʒ/	
/h/	82
/r/	84
/tʃ/	88
/dʒ/	
/tr/	90
/dr/	
/ts/	92
/dz/	
/m/	96
/n/	98
/ŋ/	100
/l/	104
/w/	106
/j/	108

发音与拼写　Sound and Spelling

1. /k/ 的发音与拼写

1）字母 k 一般发 /k/，如 keep。但在字母组合 kn 中，k 不发音。

2）字母 c 在字母 a、o、u 前发 /k/，如 cat、cop、cut。

3）字母 c 在辅音前一般发 /k/，如 clap、cross。

4）字母 c 在单词结尾时发 /k/，如 bloc。

5）字母组合 ck 发 /k/，如 cock、block。

6） 在科技、医疗和其他学术词汇中，字母组合 ch 一般发 /k/，如 stomach、architecture。

7） 字母组合 qu、que 在词中或词尾时有时发 /k/，如 cheque、cliquish。

2. /g/ 的发音与拼写

1） 字母 g 在字母 a、o、u 前发 /g/，如 gap、god、gum。

2） 字母 g 在辅音前一般发 /g/，如 glue。

3） 字母 g 在单词结尾时发 /g/，如 hug。

4） 字母组合 gg 发 /g/，如 luggage。但 suggcst 除外。

5） 字母组合 gh 位于词首时发 /g/，如 ghost。

6） 字母组合 gn 在词首和词尾时，字母 g 不发音，如 gnash、align。

7） 字母组合 gm 在词尾时，字母 g 不发音，如 paradigm。

第5单元 辅　音 Consonants
UNIT 5

摩擦音　Fricative Consonants
/f/ /v/ /θ/ /ð/ /s/ /z/ /ʃ/ /ʒ/ /h/ /r/

　　发摩擦音时，气流通过主动发音器官后，接触或靠近被动发音器官形成的一个很小的通道，然后泄出。摩擦音是连续音，来自肺部的气流如果足够的话，可以一直发出摩擦音。

　　英语共有十个摩擦音，即 /f/、/v/、/θ/、/ð/、/s/、/z/、/ʃ/、/ʒ/、/h/、/r/。其中 f/、/θ/、/s/、/ʃ/、/h/ 是清辅音，/v/、/ð/、/z/、/ʒ/、/r/ 是浊辅音。

　　在这十个摩擦音中，比较难掌握的是 /θ/、/ð/、/v/ 和 /z/，因为汉语没有相似音。

　　根据发音部位的不同，摩擦音还可以为分唇齿摩擦音 /f/ 和 /v/、齿间摩擦音 /θ/ 和 /ð/、齿龈摩擦音 /s/ 和 /z/、硬腭齿龈摩擦音 /ʃ/ 和 /ʒ/、声门摩擦音 /h/ 和齿龈后摩擦音 /r/。

| /f/ | /v/ | /θ/ | /ð/ | /s/ | /z/ | /ʃ/ | /ʒ/ | /h/ | /r/ |

发音要点　Description

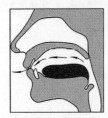

▶ 舌放松；
▶ 上齿尖置于下唇的内侧，齿唇接触时气流溢出；
▶ 气流通过齿唇的缝隙溢出时，摩擦发出声音；
▶ 发 /f/ 音时，声带不振动；
▶ 发 /v/ 音时，声带振动。

| /ɪ/ 20 |
| /e/ 22 |
| /æ/ 24 |
| /ɒ/ 26 |
| /ʌ/ 28 |
| /ʊ/ 30 |
| /ə/ 32 |
| /iː/ 36 |
| /ɑː/ 38 |
| /ɔː/ 40 |
| /uː/ 42 |
| /ɜː/ 44 |
| /eɪ/ 48 |
| /aɪ/ 50 |
| /ɔɪ/ 52 |
| /əʊ/ 54 |
| /aʊ/ 56 |
| /ɪə/ 58 |
| /eə/ 60 |
| /ʊə/ 62 |

练习　Practice

1. /fɪ/　　/fe/　　/fæ/　　/fɒ/　　/fʌ/　　/fʊ/　　/fə/

/fiː/　　/fɑː/　　/fɔː/　　/fuː/　　/fɜː/

/feɪ/　　/faɪ/　　/fɔɪ/　　/fəʊ/　　/faʊ/　　/fɪə/　　/feə/

2. /fɪt/　　/fed/　　/fæg/　　/fɒb/　　/fʌn/　　/fʊl/　　/ˈbʌfə/
fit　　　fed　　　fag　　　fob　　　fun　　　full　　　buffer

/fiːl/　　/fɑːt/　　/fɔːdʒ/　　/fuːk/　　/fɜːθ/
feel　　　fart　　　forge　　　fook　　　firth

/feɪd/　　/faɪl/　　/fɔɪst/　　/fəʊm/　　/faʊnd/　　/ˈfɪəsəm/　　/ˈfeərɪ/
fade　　　file　　　foist　　　foam　　　found　　　fearsome　　　fairy

3. /vɪ/　　/ve/　　/væ/　　/vɒ/　　/vʌ/　　/və/

/viː/　　/vɑː/　　/vɔː/　　/vuː/　　/vɜː/

/veɪ/　　/vaɪ/　　/vɔɪ/　　/vəʊ/　　/vaʊ/　　/vɪə/　　/veə/

4. /vɪz/　　/vedʒ/　　/væk/　　/ˈvɒmɪt/　　/ˈvʌltʃə/　　/ˈvaɪvə/
viz　　　veg　　　vac　　　vomit　　　vulture　　　viva

/viːp/　　/vɑːst/　　/vɔːlt/　　/ˈvuːduː/　　/vɜːv/
veep　　　vast　　　vault　　　voodoo　　　verve

/veɪl/	/vaɪn/	/vɔɪd/	/vəʊl/	/ˈvaʊtʃə/	/ˈvɪərɪ/	/ˈveərɪd/
veil	vine	void	vole	voucher	veery	varied

5.

/fæn/ fan	/væn/ van	/liːf/ leaf	/liːv/ leave
/ˈferɪ/ ferry	/ˈverɪ/ very	/seɪf/ safe	/seɪv/ save
/faɪn/ fine	/vaɪn/ vine	/laɪf/ life	/laɪv/ live
/fɑːst/ fast	/vɑːst/ vast	/hɑːf/ half	/hɑːv/ halve
/fɔːlt/ fault	/vɔːlt/ vault	/brˈliːf/ belief	/brˈliːv/ believe
/feɪl/ fail	/veɪl/ vail	/pruːf/ proof	/pruːv/ prove

6. feel fine　　　　laugh and cough　　　very vast　　　　serve at five

a fine voice　　　an awful view　　　seven's enough　　five fans

7. The file fell on the floor.

Fred fries fresh fish on Fridays.

The folk found a farm full of fine food.

Five fives are twenty-five.

The vote was over in the evening.

The brave diver dived into the river to save the villager.

/p/	66
/b/	
/t/	68
/d/	
/k/	70
/g/	
/f/	74
/v/	
/θ/	76
/ð/	
/s/	78
/z/	
/ʃ/	80
/ʒ/	
/h/	82
/r/	84
/tʃ/	88
/dʒ/	
/tr/	90
/dr/	
/ts/	92
/dz/	
/m/	96
/n/	98
/ŋ/	100
/l/	104
/w/	106
/j/	108

发音与拼写　Sound and Spelling

1. /f/ 的发音与拼写

1）　字母 f 和字母组合 ff 发 /f/，如 fast、puff。

2）　字母组合 ph 发 /f/，如 photo。

3）　不在词首的字母组合 gh 发 /f/，如 laugh。

2. /v/ 的发音与拼写

字母 v 发 /v/，如 very。

| /f/ | /v/ | /θ/ | /ð/ | /s/ | /z/ | /ʃ/ | /ʒ/ | /h/ | /r/ |

发音要点 Description

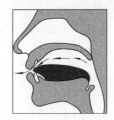

▸ 下颌稍微下移使上下齿之间有一些空间；
▸ 舌尖轻置于上下齿之间，并保持舌放松；
▸ 气流由舌齿之间的缝隙泄出时，摩擦发出声音；
▸ 发 /θ/ 时，声带不振动；
▸ 发 /ð/ 时，声带振动。

/ɪ/ 20
/e/ 22
/æ/ 24
/ɒ/ 26
/ʌ/ 28
/ʊ/ 30
/ə/ 32
/iː/ 36
/ɑː/ 38
/ɔː/ 40
/uː/ 42
/ɜː/ 44
/eɪ/ 48
/aɪ/ 50
/ɔɪ/ 52
/əʊ/ 54
/aʊ/ 56
/ɪə/ 58
/eə/ 60
/ʊə/ 62

练习 Practice

1. /θɪ/   /θe/   /θæ/   /θɒ/   /θʌ/   /θə/
   /θiː/   /θɔː/   /θɜː/   /θeɪ/   /θaɪ/ thigh /θaʊ/   /θɪə/

2. /θɪn/   /ˈθerəpɪ/   /θæŋk/   /θɒŋ/   /θʌd/   /ˈɔːθə/
   thin   therapy   thank   thong   thud   author
   /θiːf/   /θɔːn/   /θɜːst/   /θeɪn/   /ˈθaɪrɔɪd/   /ˈθaʊzənd/   /ˈθɪərəm/
   thief   thorn   thirst   thane   thyroid   thousand   theorem

3. /ðɪ/   /ðe/   /ðæ/   /ðʌ/   /ðə/   /ðiː/   /ðəʊ/   /ðeə/

4. /ˈðɪðə/   /ðens/   /ðæn/   /ðʌs/   /ˈleðə/   /ðiːz/   /ðəʊz/   /ðeəz/
   thither   thence   than   thus   leather   these   those   theirs

5.
/tiːθ/ teeth	/tiːð/ teethe	/leɪz/ laze	/leɪð/ lathe
/riːθ/ wreath	/riːð/ wreathe	/raɪz/ rise	/raɪð/ writhe
/breθ/ breath	/briːð/ breathe	/tiːz/ tease	/tiːð/ teethe
/klɒθ/ cloth	/kləʊð/ clothe	/beɪz/ baize	/beɪð/ bathe
/sɪŋ/ sing	/θɪŋ/ thing	/deɪ/ day	/ðeɪ/ they
/sɔːt/ sort	/θɔːt/ thought	/deə/ dare	/ðeə/ there/their

/maʊs/ mouse	/maʊθ/ mouth	/dəʊ/ dough	/ðəʊ/ though
/wɜːs/ worse	/wɜːθ/ worth	/dəʊz/ dose	/ðəʊz/ those

/p/	66
/b/	
/t/	68
/d/	
/k/	70
/g/	
/f/	74
/v/	
/θ/	76
/ð/	
/s/	78
/z/	
/ʃ/	80
/ʒ/	
/h/	82
/r/	84
/tʃ/	88
/dʒ/	
/tr/	90
/dr/	
/ts/	92
/dz/	
/m/	96
/n/	98
/ŋ/	100
/l/	104
/w/	106
/j/	108

6. the third month　tooth and mouth　then and there　this and that

   rather thick　with nothing　three of them　in the bath

7. Good health is above wealth.

   Something is better than nothing.

   Nothing is worth thousands of deaths.

   He gathered them together.

   Neither Mother nor Father likes that weather.

   Father and Mother went through thick and thin.

8. She thought a thought,

   but the thought she thought wasn't the thought she thought she thought.

   If the thought she thought she thought had been the thought she thought,

   she wouldn't have thought so much.

发音与拼写　**Sound and Spelling**

1. /θ/ 的发音与拼写

   1）字母组合 th 在词首时有时发 /θ/，如 think。

   2）字母组合 th 在词尾且前面有浊辅音时发 /θ/，如 month、width。但 depth 中的 th 也发 /θ/。

2. /ð/ 的发音与拼写

   1）字母组合 th 在代词、介词和连词等词中一般发 /ð/，如 they、with、then。

   2）字母组合 th 后接不发音的字母 e 且在词尾时发 /ð/，如 breathe。

   3）字母组合 th 后接字母组合 er 且在词尾时发 /ð/，如 mother、another。

| /f/ | /v/ | /θ/ | /ð/ | /s/ | /z/ | /ʃ/ | /ʒ/ | /h/ | /r/ |

发音要点 Description

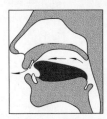

▶ 舌尖可以向上，也可以向下；

▶ 舌叶靠近上齿龈，但不接触；

▶ 气流由舌与齿龈之间的缝隙泄出时，摩擦发出声音；

▶ 发 /s/ 时，声带不振动；

▶ 发 /z/ 时，声带振动。

/ɪ/ 20
/e/ 22
/æ/ 24
/ɒ/ 26
/ʌ/ 28
/ʊ/ 30
/ə/ 32
/iː/ 36
/ɑː/ 38
/ɔː/ 40
/uː/ 42
/ɜː/ 44
/eɪ/ 48
/aɪ/ 50
/ɔɪ/ 52
/əʊ/ 54
/aʊ/ 56
/ɪə/ 58
/eə/ 60
/ʊə/ 62

练习 Practice

1. /sɪ/   /se/   /sæ/   /sɒ/   /sʌ/   /sʊ/   /sə/
   /siː/   /saː/   /sɔː/   /suː/   /sɜː/
   /seɪ/   /saɪ/   /sɔɪ/   /səʊ/   /saʊ/   /sɪə/

2. /sɪp/   /sed/   /sæt/   /sɒb/   /sʌk/   /'sʊtɪ/   /'lesə/
   sip   said   sat   sob   suck   sooty   lesser

   /siːd/   /sɑːdʒ/   /sɔːd/   /suːp/   /sɜːf/
   seed   sarge   sword   soup   serf/surf

   /seɪv/   /saɪk/   /sɔɪld/   /səʊn/   /saʊnd/   /'sɪərɪəs/
   save   psych   soiled   sewn/sown sound   serious

3. /zɪ/   /ze/   /zæ/   /zɒ/   /zʊ/   /zə/
   /ziː/   /zɑː/ czar /zuː/   /zeɪ/   /zaɪ/   /zəʊ/   /zɪə/

4. /zɪŋ/   /zest/   /'zæpə/   /zɒŋkt/   /zʊ'kiːnɪ/   /'viːzə/
   zing   zest   zapper   zonked   zucchini   visa

   /ziːn/   /zɑː'riːnə/ /zuː'ɒlədʒɪ/ /ə'zeɪlɪə/ /'zaɪtgaɪst/ /zəʊnd/ /'zɪərəʊ/
   zine   czarina   zoology   azalea   zeitgeist   zoned   zero

5.
/sɪp/ sip	/zɪp/ zip	/æs/ ass	/æz/ as
/səʊn/ sown/sewn	/zəʊn/ zone	/piːs/ peace	/piːz/ peas
/sed/ said	/zed/ zed	/reɪs/ race	/reɪz/ raise
/sɪŋk/ sink	/zɪŋk/ zinc	/pɑːs/ pass	/pɑːz/ parse

/sɪt/ sit	/zɪt/ zit	/siːs/ cease	/siːz/ seize
/siːl/ seal	/ziːl/ zeal	/hɪs/ hiss	/hɪz/ his

6.　set sail　　　　　see the sea　　　　those dogs　　　　zip and zeal
　　the same house　a simple design　a special season　boys and girls

7.　Speak less and listen more.
　　Pass me the cups and books on the desk.
　　Six silly sisters sell silk to sickly seniors.
　　The zipper isn't closing.
　　Please excuse those boys.
　　Please use the phrases for paraphrasing.

发音与拼写　Sound and Spelling

1. /s/ 的发音与拼写
   1) 字母 s 和字母组合 ss 发 /s/，如 son、class。
   2) 字母 c 可以发 /s/，如 city、cycle、cede。
   3) 字母组合 ce 在单词结尾时发 /s/，如 mice、grace。
   4) 字母组合 ch 在法语借词中发 /ʃ/，如 chef、machine、champange、parachute。
   5) 字母组合 sc 在字母 i、e、y 前发 /s/，如 science、scene、scythe。但以字母组合 scep 开头的单词，只有 scepter 中的 sc 发 /s/，其他单词的 sc 发 /sk/。
   6) 字母 x 发 /ks/，如 fix、exercise。
   7) 字母 x 在 ex+ 辅音字母开头的单词中经常发 /ks/，如 exceed。
   8) 字母 s 在有些单词中不发音，如 aisle、isle、island、viscount。
   9) 在一些法语借词中，词尾的字母 s 不发音，如 chassis、debris、precis、corps、rendezvous。

2. /z/ 的发音与拼写
   1) 字母 z 和字母组合 zz 发 /z/，如 quiz、buzz。
   2) 字母 s 在元音之间发 /z/，如 adviser。
   3) 字母 x 在以 exa、exh、exi、exo 和 exu 开头的非重读音节中发 /gz/，如 example、exhibit、exist、exotic、exult。
   4) 字母组合 se 和 ze 在单词词尾发 /z/，如 organise、realize。
   5) 字母 s 在浊辅音后且在词尾时发 /z/，如 balls。

/p/	66
/b/	
/t/	68
/d/	
/k/	70
/g/	
/f/	74
/v/	
/θ/	76
/ð/	
/s/	78
/z/	
/ʃ/	80
/ʒ/	
/h/	82
/r/	84
/tʃ/	88
/dʒ/	
/tr/	90
/dr/	
/ts/	92
/dz/	
/m/	96
/n/	98
/ŋ/	100
/l/	104
/w/	106
/j/	108

| /f/ | /v/ | /θ/ | /ð/ | /s/ | /z/ | /ʃ/ | /ʒ/ | /h/ | /r/ |

发音要点 Description

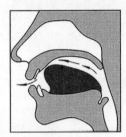

▶ 舌尖与舌叶向上，靠近上齿龈后部，舌身抬起靠近上硬腭；

▶ 双唇呈自然状态，或微微向前突出；

▶ 气流由舌与齿龈之间的缝隙泄出时，摩擦发出声音；

▶ 发 /ʃ/ 时，声带不振动；

▶ 发 /ʒ/ 时，声带振动。

练习 Practice

1. /ʃɪ/   /ʃe/   /ʃæ/   /ʃɒ/   /ʃʌ/   /ʃʊ/   /ʃə/

/ʃiː/   /ʃɑː/   /ʃɔː/   /ʃuː/   /ʃɜː/

/ʃeɪ/   /ʃaɪ/   /ʃəʊ/   /ʃaʊ/   /ʃɪə/   /ʃeə/   /ʃʊə/

2. /ʃɪp/   /ʃed/   /ʃæk/   /ʃɒp/   /ʃʌv/   /ʃʊʃ/   /'pʊʃə/
ship   shed   shack   shop   shove   shush   pusher

/ʃiːt/   /ʃɑːk/   /ʃɔːl/   /'ʃuːtə/   /ʃɜːk/
sheet   shark   shawl   shooter   shirk

/ʃeɪv/   /'ʃaɪnɪ/   /ʃəʊl/   /'ʃaʊtɪŋ/   /'ʃɪərə/   /'ʃeərə/   /'ʃʊərɪtɪ/
shave   shiny   shoal   shouting   shearer   sharer   surety

3. /ʒɪ/   /ʒe/   /ʒɒ/   /ʒə/

/ʒiː/   /ʒuː/   /ʒɜː/   /ʒeɪ/   /ʒʊə/

4. /'ʒɪɡələʊ/   /lɑː'ʒes/   /'ʒɒnrə/   /'leʒə/
gigolo   largess   genre   leisure

/reɪ'ʒiːm/   /'biːʒuː/   /,ɑːbɪtrɑː'ʒɜː/   /'neglɪʒeɪ/   /'vɪʒʊəl/
regime   bijou   arbitrageur   negligee   visual

5.

/siː/ see/sea	/ʃiː/ she	/æs/ ass	/æʃ/ ash
/sɪp/ sip	/ʃɪp/ ship	/mes/ mess	/meʃ/ mesh
/səʊ/ so	/ʃəʊ/ show	/gæs/ gas	/gæʃ/ gash
/seɪk/ sake	/ʃeɪk/ shake	/læs/ lass/	/læʃ/ lash
/sɔː/ saw	/ʃɔː/ shore	/liːs/ lease	/liːʃ/ leash
/suːt/ soot	/ʃuːt/ shoot	/tɒs/ toss	/tɒʃ/ tosh

/p/	66
/b/	
/t/	68
/d/	
/k/	70
/g/	
/f/	74
/v/	
/θ/	76
/ð/	
/s/	78
/z/	
/ʃ/	80
/ʒ/	
/h/	82
/r/	84
/tʃ/	88
/dʒ/	
/tr/	90
/dr/	
/ts/	92
/dz/	
/m/	96
/n/	98
/ŋ/	100
/l/	104
/w/	106
/j/	108

6. a sharp shell　　　　an English ship　　wash the fish　　short of cash

measure for measure　a casual decision　usual pleasure　pleasure from leisure

7. She is sure she shut the shop.

She showed me a fresh fish.

The shop sells fashionable shorts and shirts.

It was pleasure to go to Asia.

The explosion caused confusion.

It's pleasure to make a decision of measuring your treasure on this occasion.

8. She sells seashells on the seashore,

and the shells she sells are seashells, I'm sure.

'Cause if she sells shells at the seashore,

the shells she sells are seashells, for sure.

发音与拼写　Sound and Spelling

1. /ʃ/ 的发音与拼写
   1） 字母组合 sh 发 /ʃ/，如 fish、shine。
   2） 字母 c 在 ia、ea、ie、io 前发 /ʃ/，如 special、ocean、ancient、suspicion。
   3） 字母组合 ti 在 tion、tial、tiate 中发 /ʃ/，如 translation。
   4） 字母组合 ssi 在 ssion 中发 /ʃ/，如 commission。
   5） 字母组合 ssu 在 ssur 中发 /ʃ/，如 assure。
2. /ʒ/ 的发音与拼写
   1） 字母组合 si 在 sion 中发 /ʒ/，如 vision、
   2） 字母组合 su 在 sure、sual 中发 /ʒ/，如 pleasure、visual。
   3） 字母组合 zu 在 zure 中发 /ʒ/，如 azure。

| /f/ | /v/ | /θ/ | /ð/ | /s/ | /z/ | /ʃ/ | /ʒ/ | **/h/** | /r/ |

发音要点　Description

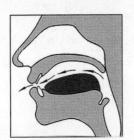

► 舌放松呈自然状态，置于口腔底部；
► 自然张口，双唇呈自然状态；
► 气流从声门经过时，产生轻微摩擦并发出声音；
► 发 /h/ 时，声带不振动。

/ɪ/ 20
/e/ 22
/æ/ 24
/ɒ/ 26
/ʌ/ 28
/ʊ/ 30
/ə/ 32
/iː/ 36
/ɑː/ 38
/ɔː/ 40
/uː/ 42
/ɜː/ 44
/eɪ/ 48
/aɪ/ 50
/ɔɪ/ 52
/əʊ/ 54
/aʊ/ 56
/ɪə/ 58
/eə/ 60
/ʊə/ 62

练习　Practice

1.　/hɪ/　　/he/　　/hæ/　　/hɒ/　　/hʌ/　　/hʊ/

　　/hiː/　　/hɑː/　　/hɔː/　　/huː/　　/hɜː/

　　/heɪ/　　/haɪ/　　/hɔɪ/　　/həʊ/　　/haʊ/　　/hɪə/　　/heə/

2.　/hɪt/　　/hed/　　/hæd/　　/hɒp/　　/hʌg/　　/hʊk/
　　hit　　head　　had　　hop　　hug　　hook

　　/hiːp/　　/hɑːv/　　/hɔːk/　　/huːp/　　/hɜːb/
　　heap　　halve　　hawk　　hoop　　herb

　　/heɪl/　　/haɪt/　　/hɔɪk/　　/həʊz/　　/haʊnd/　　/'hɪərə/　　/'heərɪ/
　　hail　　height　　hoick　　hose　　hound　　hearer　　hairy

3.

/ɪt/ it	/hɪt/ hit		/iːl/ eel	/hiːl/ heal/heel
/edʒ/ edge	/hedʒ/ hedge		/ɑːt/ art	/hɑːt/ hart/heart
/æd/ add/ad	/hæd/ had		/ɔːl/ all	/hɔːl/ hall
/ʌmp/ ump	/hʌmp/ hump		/ɪə/ ear	/hɪə/ hear/here
/ɒd/ odd	/hɒd/ hod		/eə/ air	/heə/ hair/hare

					/p/ 66

4. a high hill　　a hat in hand　　hit it hard　　harm the hair

whose house　　hope for help　　hide his head　　behind the hall

5. Harry hurried home.

Henry has his hair cut.

Hope you have a happy holiday.

发音与拼写　**Sound and Spelling**

1. 字母 h 发 /h/，如 hello。

2. 字母组合 wh 在字母 o 前发 /h/，如 whose。

3. 字母组合 gh、ph、rh 和 exh 中的 h 不发音。

/p/	66
/b/	
/t/	68
/d/	
/k/	70
/g/	
/f/	74
/v/	
/θ/	76
/ð/	
/s/	78
/z/	
/ʃ/	80
/ʒ/	
/h/	82
/r/	84
/tʃ/	88
/dʒ/	
/tr/	90
/dr/	
/ts/	92
/dz/	
/m/	96
/n/	98
/ŋ/	100
/l/	104
/w/	106
/j/	108

/f/	/v/	/θ/	/ð/	/s/	/z/	/ʃ/	/ʒ/	/h/	/r/

发音要点 Description

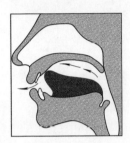

► 舌尖向上靠近上齿龈后部, 舌前部向下呈凹形, 舌身两侧收拢;

► 双唇收圆并向前突出;

► 气流从舌面与硬腭之间泄出产生摩擦, 同时舌向下呈自然状态, 且双唇也呈自然状态;

► 发 /r/ 时, 声带振动。

/ɪ/ 20
/e/ 22
/æ/ 24
/ɒ/ 26
/ʌ/ 28
/ʊ/ 30
/ə/ 32
/i:/ 36
/ɑ:/ 38
/ɔ:/ 40
/u:/ 42
/ɜ:/ 44
/eɪ/ 48
/aɪ/ 50
/ɔɪ/ 52
/əʊ/ 54
/aʊ/ 56
/ɪə/ 58
/eə/ 60
/ʊə/ 62

练习 Practice

1. /rɪ/   /re/   /ræ/   /rɒ/   /rʌ/   /rʊ/   /rə/

   /ri:/   /rɑ:/   /rɔ:/   /ru:/

   /reɪ/   /raɪ/   /rɔɪ/   /rəʊ/   /raʊ/   /rɪə/   /reə/   /rʊə/

2. /rɪm/   /rek/   /ræn/   /rɒb/   /rʌf/   /ˈrʊkɪ/   /ˈbʌrə/
   rim   wreck   ran   rob   rough   rookie   borough

   /ri:p/   /rɑ:ft/   /ˈrɔ:rɪŋ/   /ru:z/
   reap   raft   roaring   ruse

   /reɪn/   /raɪm/   /ˈbrɔɪlə/   /rəʊtʃ/   /raʊz/   /ˈrɪəlɪ/   /ˈreərɪŋ/   /ˈrʊərəl/
   rain   rhyme   broiler   roach   rouse   really   raring   rural

3.
/raɪ/ rye/wry	/raʊ/ row	/reɪ/ ray	/rəʊ/ roe/row
/raɪt/ right/write	/raʊt/ rout	/reɪp/ rape	/rəʊp/ rope
/raɪz/ rise	/raʊz/ rouse	/reɪt/ rate	/rəʊt/ rote
/raɪnd/ rind	/raʊnd/ round	/reɪd/ raid	/rəʊd/ road/rode
/raɪ/ rye/wry	/rɔ:/ raw/roar	/reɪz/ raise	/rəʊz/ rose
/rɔɪl/ roil	/rɔ:t/ wrought	/reɪl/ rail	/rəʊl/ role

4. run a race　　　read and write　　　the right road　　　a bright room

    real reason　　　a red, red rose　　　brave but crazy　　　very, very worried

5. Rose is ready to read and write.

   We have fresh bread for breakfast.

   Mary read three very short stories.

发音与拼写　Sound and Spelling

1. 字母 r 和字母组合 rr 发 /r/，如 right、arrange。

2. 字母组合 wr 发 /r/，如 write。

3. 字母组合 rh 发 /r/，如 rhythm。

/p/ /b/	66
/t/ /d/	68
/k/ /g/	70
/f/ /v/	74
/θ/ /ð/	76
/s/ /z/	78
/ʃ/ /ʒ/	80
/h/	82
/r/	84
/tʃ/ /dʒ/	88
/tr/ /dr/	90
/ts/ /dz/	92
/m/	96
/n/	98
/ŋ/	100
/l/	104
/w/	106
/j/	108

第 6 单元
UNIT 6

辅 音 Consonants

破擦音 Affricate Consonants
/tʃ/ /dʒ/ /tr/ /dr/ /ts/ /dz/

破擦音是相对复杂的辅音，由爆破音和摩擦音结合而成，以爆破音开始，以摩擦音结束。英语共有六个破擦音，即 /tʃ/、/dʒ/、/tr/、/dr/、/ts/、/dz/。具体地说，这六个音是由两个爆破音 /t/、/d/ 与五个摩擦音 /ʃ/、/ʒ/、/s/、/z/、/r/ 分别组合构成。每一个音的第一个成分是爆破音，第二个成分是摩擦音。虽然我们在此将破擦音分解说明，但它们是一个完整的音，不能发成两个音。

因为破擦音中含有爆破音，所以也有三个发音阶段，即成阻阶段、持阻阶段和除阻阶段。

在这六个破擦音中，/tʃ/、/tr/、/ts/ 是清辅音，/dʒ/、/dr/、/dz/ 是浊辅音。

| /tʃ/ | /dʒ/ | /tr/ | /dr/ | /ts/ | /dz/ |

发音要点 Description

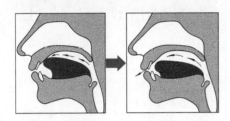

▶ 舌尖与舌叶向上紧贴上齿龈，形成阻塞；

▶ 舌尖与舌叶离开上齿龈，但舌与齿龈之间仍保留一个缝隙；

▶ 气流由舌与齿龈之间的缝隙泄出，摩擦发出声音；

▶ 发 /tʃ/ 时，声带不振动；

▶ 发 /dʒ/ 时，声带振动。

/ɪ/ 20
/e/ 22
/æ/ 24
/ɒ/ 26
/ʌ/ 28
/ʊ/ 30
/ə/ 32
/iː/ 36
/ɑ/ 38
/ɔ/ 40
/u/ 42
/ɜ/ 44
/eɪ/ 48
/aɪ/ 50
/ɔɪ/ 52
/əʊ/ 54
/aʊ/ 56
/ɪə/ 58
/eə/ 60
/ʊə/ 62

练习 Practice

1. /tʃɪ/   /tʃe/   /tʃæ/   /tʃɒ/   /tʃʌ/   /tʃʊ/   /tʃə/

/tʃiː/   /tʃɑː/   /tʃɔː/   /tʃuː/   /tʃɜː/

/tʃeɪ/   /tʃaɪ/   /tʃɔɪ/   /tʃəʊ/   /tʃaʊ/   /tʃɪə/   /tʃeə/

2.
/tʃɪk/	/tʃes/	/tʃæp/	/tʃɒk/	/tʃʌg/	/tʃʊk/	/'fiːtʃə/
chick	chess	chap	chock/choc	chug	chook	feature

/tʃiːt/	/tʃɑːm/	/'tʃɔːkɪ/	/'tʃuːzɪ/	/tʃɜːn/
cheat	charm	chalky	choosy	churn

/tʃeɪf/	/tʃaɪld/	/tʃɔɪs/	/tʃəʊk/	/'tʃaʊdə/	/'tʃɪərɪ/	/'tʃeəmən/
chafe	child	choice	choke	chowder	cheery	chairman

3. /dʒɪ/   /dʒe/   /dʒæ/   /dʒɒ/   /dʒʌ/   /dʒʊ/   /dʒə/

/dʒiː/   /dʒɑː/   /dʒɔː/   /dʒuː/   /dʒɜː/

/dʒeɪ/   /dʒaɪ/   /dʒɔɪ/   /dʒəʊ/   /dʒaʊ/   /dʒɪə/   /dʒʊə/

4.
/dʒɪn/	/dʒet/	/dʒæm/	/dʒɒg/	/dʒʌdʒ/	/dʒʊ'laɪ/	/'deɪndʒə/
gin	jet	jam	jog	judge	July	danger

/dʒiːp/	/'dʒɑːgən/	/dʒɔːnt/	/dʒuːn/	/dʒɜːk/
jeep	jargon	jaunt	June	jerk

/dʒeɪl/	/dʒaɪb/	/dʒɔɪnt/	/dʒəʊlt/	/dʒaʊst/	/kə'liːdʒɪət/	/'dʒʊərɪ/
jail/gaol	jibe/gibe	joint	jolt	joust	collegiate	jury

/p/	66
/b/	
/t/	68
/d/	
/k/	70
/g/	
/f/	74
/v/	
/θ/	76
/ð/	
/s/	78
/z/	
/ʃ/	80
/ʒ/	
/h/	82
/r/	84
/tʃ/	88
/dʒ/	
/tr/	90
/dr/	
/ts/	92
/dz/	
/m/	96
/n/	98
/ŋ/	100
/l/	104
/w/	106
/j/	108

5.

/tʃiːp/ cheap	/dʒiːp/ jeep
/tʃest/ chest	/dʒest/ jest
/tʃəʊk/ choke	/dʒəʊk/ joke
/tʃɔɪs/ choice	/dʒɔɪs/ Joyce
/tʃɪl/ chill	/dʒɪl/ Jill
/tʃɪə/ cheer	/dʒɪə/ jeer

/etʃ/ etch	/edʒ/ edge
/bætʃ/ batch	/bædʒ/ badge
/rɪtʃ/ rich	/rɪdʒ/ ridge
/mɑːtʃ/ march	/mɑːdʒ/ marge
/eɪtʃ/ H	/eɪdʒ/ age
/tʃɪn/ chin	/dʒɪn/ gin

6. a cheap watch　　　cheap cheese　　　a rich coach　　　each child

choose a jeep　　　just a joke　　　page after page　　　a large college

7. Don't choose cheap cheese.

Is life a question of choice or chance?

Jack has chicken and French fries for lunch.

A gentle judge judges justly.

Jick enjoyed the strawberry jam.

Jolly jugglers are juggling jugs of orange juice.

发音与拼写　Sound and Spelling

1. /tʃ/ 的发音与拼写

1）　字母组合 ch、tch 发 /tʃ/，如 chip、watch。

2）　字母组合 tu 在 ture、tual、tuous 中发 /tʃ/，如 nature、actural、fatuous。

3）　字母组合 ti 在 stion 中经常发 /tʃ/，如 question。

2. /dʒ/ 的发音与拼写

1）　字母 j 有时发 /dʒ/，如 job。

2）　字母 g 在字母 i、e、y 前发 /dʒ/，如 gin、gesture、gym。

3）　字母组合 dg 发 /dʒ/，如 pidgin、judge。

4）　字母组合 dj 发 /dʒ/，如 djinn、adjust。

| /tʃ/ | /dʒ/ | /tr/ | /dr/ | /ts/ | /dz/ |

发音要点 Description

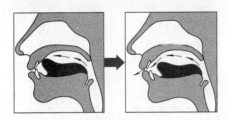

▶ 舌前部向下呈凹形；

▶ 舌尖与舌叶向上贴住上齿龈，形成阻塞；

▶ 双唇收圆并向前突出；

▶ 舌尖与舌叶离开上齿龈，但舌与齿龈之间仍保留一个缝隙；

▶ 气流由舌与齿龈之间的缝隙泄出，摩擦发出声音；

▶ 发 /tr/ 时，声带不振动；

▶ 发 /dr/ 时，声带振动。

练习 Practice

/ɪ/ 20
/e/ 22
/æ/ 24
/ɒ/ 26
/ʌ/ 28
/ʊ/ 30
/ə/ 32
/iː/ 36
/ɑː/ 38
/ɔː/ 40
/uː/ 42
/ɜː/ 44
/eɪ/ 48
/aɪ/ 50
/ɔɪ/ 52
/əʊ/ 54
/aʊ/ 56
/ɪə/ 58
/eə/ 60
/ʊə/ 62

1. /trɪ/　/tre/　/træ/　/trɒ/　/trʌ/　/trə/

/triː/　/trɑː/　/trɔː/　/truː/

/treɪ/　/traɪ/　/trɔɪ/　/trəʊ/　/traʊ/　/trɪə/　/treə/

2. /trɪm/　/trek/　/træm/　/trɒd/　/trʌdʒ/　/ˈekstrə/
   trim　trek　tram　trod　trudge　extra

/ˈtriːtɪ/　/trɑːnʃ/　/ˈtrɔːlə/　/truːp/
treaty　tranche　trawler　troop/troupe

/treɪn/　/traɪd/　/ˈtrɔɪkə/　/trəʊv/　/ˈtraʊzəz/　/ˈpætrɪət/　/kənˈtreərɪ/
train　tried　troika　trove　trousers　patriot　contrary①

---

① contrary 有两种读音：/ˈkɒntrərɪ/ 和 /kənˈtreərɪ/，意义不同。

3. /drɪ/　　/dre/　　/dræ/　　/drɒ/　　/drʌ/　　/drə/

/driː/　　/drɑː/　　/drɔː/　　/druː/

/dreɪ/　　/draɪ/　　/drɔɪ/　　/drəʊ/　　/draʊ/　　/drɪə/

4. /drɪl/　　　/dred/　　　/dræb/　　　/drɒs/　　　/drʌm/　　　/ˈtʌndrə/
   drill　　　dread　　　drab　　　dross　　　drum　　　tundra

/ˈdriːmɪ/　　/ˈdrɑːmə/　　/drɔːl/　　/druːl/
dreamy　　　drama　　　drawl　　　drool

/dreɪn/　　　/draɪd/　　　/əˈdrɔɪt/　　/drəʊl/　　/draʊn/　　/ˈdrɪərɪlɪ/
drain　　　dried　　　adroit　　　droll　　　drown　　　drearily

5.

/trɪp/ trip	/drɪp/ drip	/triːt/ treat	/tʃiːt/ cheat
/treɪn/ train	/dreɪn/ drain	/trɪp/ trip	/tʃɪp/ chip
/triː/ tree	/driː/ dree	/treɪs/ trace	/tʃeɪs/ chase
/truːp/ troop/troupe	/druːp/ droop	/drest/ dressed	/dʒest/ jest
/treɪ/ tray	/dreɪ/ dray	/drʌg/ drug	/dʒʌg/ jug
/traɪ/ try	/draɪ/ dry	/drʌdʒ/ drudge	/dʒʌdʒ/ judge

6. a train and a truck　　trick or treat　　the true trouble　　a truck driver

draw a dress　　　　a strange dream　　a strong drink　　drive a tractor

7. Time tries truth.

The tractor trailers trucks.

Never trouble trouble till trouble troubles you.

Her dress dropped from the dressing table.

I had a strange dream while he was driving.

Mr. Trench treated me to some strong drinks.

发音与拼写　**Sound and Spelling**

1. 字母组合 tr 发 /tr/，如 trip。

2. 字母组合 dr 发 /dr/，如 drip。

/p/	66
/b/	
/t/	68
/d/	
/k/	70
/g/	
/f/	74
/v/	
/θ/	76
/ð/	
/s/	78
/z/	
/ʃ/	80
/ʒ/	
/h/	82
/r/	84
/tʃ/	88
/dʒ/	
/tr/	90
/dr/	
/ts/	92
/dz/	
/m/	96
/n/	98
/ŋ/	100
/l/	104
/w/	106
/j/	108

/tʃ/	/dʒ/	/tr/	/dr/	/ts/	/dz/

发音要点 Description

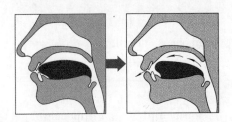

► 舌叶向上贴住上齿龈，形成阻塞；
► 舌叶离开上齿龈，但舌与齿龈之间仍保留一个缝隙；
► 气流由舌与齿龈之间的缝隙泄出，摩擦发出声音；
► 发 /ts/ 时，声带不振动；
► 发 /dz/ 时，声带振动。

练习 Practice

1. /ɪts/   /ets/   /æts/   /ɒts/   /ʌts/   /ʊts/   /əts/

    /iːts/   /ɑːts/   /ɔːts/   /uːts/   /ɜːts/

    /eɪts/   /aɪts/   /ɔɪts/   /əʊts/   /aʊts/   /ɪəts/

2. /fɪts/   /gets/   /hæts/   /lɒts/   /kʌts/   /pʊts/   /ˈefəts/
    fits   gets   hats   lots   cuts   puts   efforts

    /miːts/   /pɑːts/   /sɔːts/   /buːts/   /hɜːts/
    meets   parts   sorts   boots   hurts

    /geɪts/   /kaɪts/   /ɪkˈsplɔɪts/   /bəʊts/   /daʊts/   /ˈɪdɪəts/
    gates   kites   exploits   boats   doubts   idiots

3. /ɪdz/   /edz/   /ædz/   /ɒdz/   /ʌdz/   /ʊdz/   /ədz/

    /iːdz/   /ɑːdz/   /ɔːdz/   /uːdz/   /ɜːdz/

    /eɪdz/   /aɪdz/   /ɔɪdz/   /əʊdz/   /aʊdz/   /ɪədz/   /ʊədz/

/ɪ/ 20
/e/ 22
/æ/ 24
/ɒ/ 26
/ʌ/ 28
/ʊ/ 30
/ə/ 32
/iː/ 36
/ɑː/ 38
/ɔː/ 40
/uː/ 42
/ɜː/ 44
/eɪ/ 48
/aɪ/ 50
/ɔɪ/ 52
/əʊ/ 54
/aʊ/ 56
/ɪə/ 58
/eə/ 60
/ʊə/ 62

4. /kɪdz/　　/bedz/　　/lædz/　　/rɒdz/　　/bʌdz/　　/wʊdz/　　/ˈfɔːwədz/
　　kids　　　beds　　　lads　　　rods　　　buds　　　woods　　　forwards

　　/siːdz/　　/kɑːdz/　　/bɔːdz/　　/fuːdz/　　/bɜːdz/
　　seeds　　　cards　　　boards　　　foods　　　birds

　　/meɪdz/　　/gaɪdz/　　/ˈændrɔɪdz/　　/rəʊdz/　　/klaʊdz/　　/ˈpɪərɪədz/　　/gʊədz/
　　maids　　　guides　　　androids　　　roads　　　clouds　　　periods　　　gourds

发音与拼写　Sound and Spelling

1. 字母组合 ts 和 tz 发 /ts/，如 sits、putz。
2. 字母组合 ds 发 /dz/，如 reads。

/p/ /b/	66
/t/ /d/	68
/k/ /g/	70
/f/ /v/	74
/θ/ /ð/	76
/s/ /z/	78
/ʃ/ /ʒ/	80
/h/	82
/r/	84
/tʃ/ /dʒ/	88
/tr/ /dr/	90
/ts/ /dz/	92
/m/	96
/n/	98
/ŋ/	100
/l/	104
/w/	106
/j/	108

第7单元
UNIT 7

辅 音 Consonants

鼻辅音 Nasal Consonants
/m/ /n/ /ŋ/

鼻辅音与其他辅音发音方式的不同之处在于，共鸣腔在鼻腔和咽腔而不在口腔，气流从鼻腔溢出发声。

英语共有三个鼻辅音，即 /m/、/n/ 和 /ŋ/，都是浊辅音。/m/ 和 /n/ 有一个共同特点：两个音在元音前和元音后的发音方式不完全相同。发鼻辅音时须注意：

♦ 软腭下移阻塞口腔通道，气流从鼻腔泄出；

♦ 变化舌位来帮助软腭将口腔通道完全闭合；

♦ 声带振动；

♦ 鼻辅音在词尾时，发音要略微延长。

根据发音部位的不同，鼻辅音可以分为双唇鼻辅音 /m/、齿龈鼻辅音 /n/ 和软腭鼻辅音 /ŋ/。

| /m/ | /n/ | /ŋ/ |

发音要点 Description

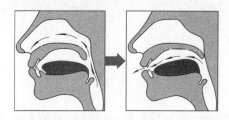

► 双唇闭合；
► 软腭下移封闭口腔通道；
► 舌身自然放松；
► 气流从鼻腔泄出（见左图）；
► 发 /m/ 时，声带振动；
► 位于元音前时，气流泄出，同时
  张口（从左图到右图）。

练习 Practice

1. /mɪ/　/me/　/mæ/　/mɒ/　/mʌ/　/mʊ/　/mə/

　/miː/　/mɑː/　/mɔː/　/muː/　/mɜː/

　/meɪ/　/maɪ/　/mɔɪ/　/məʊ/　/maʊ/　/mɪə/　/meə/　/mʊə/

2. /mɪl/　/men/　/mæt/　/mɒk/　/mʌg/　/'mʊzlɪm/　/'mɜːmə/
   mill　men　mat　mock　mug　Muslim　murmur

   /miːl/　/mɑːtʃ/　/mɔːn/　/muːt/　/mɜːθ/
   meal　march　mourn　moot　mirth

   /meɪn/　/maɪl/　/'mɔɪsən/　/məʊn/　/maʊnt/　/'premɪə/　/'naɪtmeə/　/'pærəmʊə/
   main　mile　moisten　moan　mount　premier　nightmare　paramour

3. /ɪm/　/em/　/æm/　/ɒm/　/ʌm/　/ʊm/　/əm/

   /iːm/　/ɑːm/　/ɔːm/　/uːm/　/ɜːm/

   /eɪm/　/aɪm/　/əʊm/　/ɪəm/　/ʊəm/

4. /wɪm/　/hem/　/læm/　/tɒm/　/hʌm/　/'klɑːsrʊm/　/'ædəm/
   whim　hem　lamb　tom　hum　classroom　Adam

/diːm/	/pɑːm/	/fɔːm/	/wuːm/	/wɜːm/		/p/ /b/ 66
deem	palm	form	womb	worm		/t/ /d/ 68
/meɪm/	/maɪm/	/rəʊm/	/ˈɪdɪəm/	/ˈvækjʊəm/		/k/ /g/ 70
maim	mime	roam	idiom	vacuum		/f/ /v/ 74

/θ/ /ð/ 76

5. boom—boomer　　come—comer　　dim—dimmer　　farm—farmer

　　firm—firmer　　foam—foamer　　warm—warmer　　time—timer

　　ham—hammer　　sum—summer

/s/ /z/ 78

/ʃ/ /ʒ/ 80

6. some men　　　meet me　　　my mum　　　man and woman

　　make room　　more money　　time for home　　make me mad

/h/ 82

/r/ 84

7. Many men, many minds.

　　My mother made some lemonade.

　　I mailed the money on Monday morning.

　　Sam is coming with some ham and marmalade.

/tʃ/ /dʒ/ 88

/tr/ /dr/ 90

/ts/ /dz/ 92

/m/ 96

/n/ 98

发音与拼写　Sound and Spelling

/ŋ/ 100

/l/ 104

1. 字母 m 和字母组合 mm 发 /m/，如 mom、mommy。

2. 字母组合 mn、mb 在词尾时发 /m/，如 column、climb。

/w/ 106

/j/ 108

/m/ /n/ /ŋ/

发音要点 Description

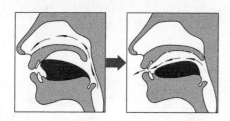

▶ 自然张口；
▶ 软腭下移，封闭口腔通道；
▶ 舌叶紧贴上齿龈，舌两侧接触上齿；
▶ 气流从鼻腔泄出（见左图）；
▶ 发 /n/ 时，声带振动；
▶ 位于元音前时，气流泄出的同时舌叶离开上齿龈（从左图到右图）。

练习 Practice

/ɪ/ 20
/e/ 22
/æ/ 24
/ɒ/ 26
/ʌ/ 28
/ʊ/ 30
/ə/ 32
/i:/ 36
/ɑ:/ 38
/ɔ:/ 40
/u:/ 42
/ɜ:/ 44
/eɪ/ 48
/aɪ/ 50
/ɔɪ/ 52
/əʊ/ 54
/aʊ/ 56
/ɪə/ 58
/eə/ 60
/ʊə/ 62

1. /nɪ/   /ne/   /næ/   /nɒ/   /nʌ/   /nʊ/   /nə/

   /ni:/   /nɑ:/   /nɔ:/   /nu:/   /nɜ:/

   /neɪ/   /naɪ/   /nɔɪ/   /nəʊ/   /naʊ/   /nɪə/   /neə/

2. /nɪp/   /net/   /næn/   /nɒb/   /nʌl/   /'nʊkɪ/   /'mænə/
   nip   net   nan   nob   null   nookie/nooky   manner

   /ni:t/   /nɑ:d/   /nɔ:m/   /nu:n/   /nɜ:d/
   neat   nard   norm   noon   nerd

   /neɪl/   /naɪt/   /'nɔɪzɪ/ /nəʊd/   /naʊn/   /'nɪənɪs/   /'neəri:z/
   nail   night   noisy   node   noun   nearness   nares

3. /ɪn/   /en/   /æn/   /ɒn/   /ʌn/   /ən/   /i:n/   /ɑ:n/

   /ɔ:n/   /u:n/   /ɜ:n/   /eɪn/   /aɪn/   /ɔɪn/   /əʊn/   /aʊn/

4. /kɪn/   /hen/   /bæn/   /gɒn/   /sʌn/   /'wi:kən/   /si:n/   /bɑ:n/
   kin   hen   ban   gone   son/sun   weaken   seen   barn

/hɔːn/	/kuːn/	/lɜːn/	/keɪn/	/paɪn/	/pɔɪnt/	/bəʊn/	/daʊn/	/p/	66
horn	coon	learn	cane	pine	point	bone	down	/b/	

/t/	68
/d/	

5. in the sun　　　nice wine　　　need nothing　　　a friend of mine

　　a new moon　　　nick name　　　new knives　　　nine nights

6. No news is good news.

　Ann knows nothing of the plans.

　The rain in Spain falls mainly in the plains.

　You know New York and you need New York.

　An hour in the morning is worth two in the evening.

发音与拼写　Sound and Spelling

1. 字母 n 和字母组合 nn 发 /n/，如 fan、channel。

2. 字母组合 kn、pn 在词首时发 /n/，如 know、pneumatic。

3. 字母组合 gn 在词首和词尾时发 /n/，如 gnat、align。

4. 字母组合 mn 在词尾时，n 不发音，如 solemn。但当 mn 组合在词中时，n 发音，如 solemnity。

右侧音标表：
/p/ 66
/b/
/t/ 68
/d/
/k/ 70
/g/
/f/ 74
/v/
/θ/ 76
/ð/
/s/ 78
/z/
/ʃ/ 80
/ʒ/
/h/ 82
/r/ 84
/tʃ/ 88
/dʒ/
/tr/ 90
/dr/
/ts/ 92
/dz/
/m/ 96
/n/ 98
/ŋ/ 100
/l/ 104
/w/ 106
/j/ 108

/m/	/n/	/ŋ/

发音要点 Description

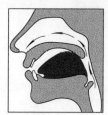

▶ 张开口；

▶ 软腭下移，封闭口腔通道；

▶ 舌后部隆起紧贴软腭；

▶ 气流从鼻腔泄出；

▶ 发 /ŋ/ 时，声带振动。

练习 Practice

1. /ɪŋ/   /eŋ/   /æŋ/   /ɒŋ/   /ʌŋ/

2. /sɪŋ/   /leŋθ/   /ræŋ/   /lɒŋ/   /tʌŋ/
    sing   length   rang   long   tongue

3. ring   king   thing   wing   bring   sting   hang   sang
    song   strong   along   rung   sung   young   morning   evening
    singing   ringing   singer   finger   drink   strength

4. sun—sung   sin—sing   kin—king   ran—rang
    ton—tongue

5. sing a song   a long string   a strange king
    the English singer   looking young   a ring finger

6. Borrowing brings sorrowing.
    Mornings are tiring and evenings are boring.
    They were drinking, eating, dancing, and speaking.

发音与拼写　Sound and Spelling

1. 字母组合 ng 在词尾发 /ŋ/，如 sing。
2. 字母 n 在 /k/、/g/ 前发 /ŋ/，如 think、finger。

/p/	66
/b/	
/t/	68
/d/	
/k/	70
/g/	
/f/	74
/v/	
/θ/	76
/ð/	
/s/	78
/z/	
/ʃ/	80
/ʒ/	
/h/	82
/r/	84
/tʃ/	88
/dʒ/	
/tr/	90
/dr/	
/ts/	92
/dz/	
/m/	96
/n/	98
/ŋ/	100
/l/	104
/w/	106
/j/	108

第 8 单元
UNIT 8

辅 音 Consonants

舌侧辅音和半元音
Lateral Consonant and Semi-Vowels
/l/ /w/ /j/

    舌侧辅音 /l/ 与其他辅音的发音方式不同，不是通过舌中心发音。发 /l/ 音时，舌身前半部分与上腭完全接触并形成阻碍，气流只能从两侧泄出。在单词中，/l/ 受元音位置的影响会形成清晰的 /l/ 和模糊的 /ɫ/ 两个变体：在元音前发 /l/，在元音后发 /ɫ/。

    半元音有两个，即 /w/ 和 /j/。它们是介于元音和辅音之间的音，既有元音的特点，也有辅音的特点。发音短促，有较小的摩擦。从发音上看，这两个音像元音，/w/ 像 /uː/，/j/ 像 /iː/；在拼写上，这两个音又像辅音，后面要接元音。

发音要点 Description

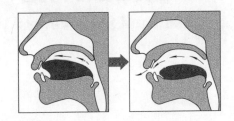

▶ 自然张口，双唇呈自然状态；
▶ 舌叶紧贴上齿龈；
▶ 气流从舌身两侧泄出，发 /ɫ/ 音（见左图）；
▶ 发 /l/ 时，气流泄出，同时舌叶离开上齿龈（从左图到右图）；
▶ 发音时，声带振动。

/ɪ/ 20
/e/ 22
/æ/ 24
/ɒ/ 26
/ʌ/ 28
/ʊ/ 30
/ə/ 32
/i:/ 36
/ɑ:/ 38
/ɔ:/ 40
/u:/ 42
/ɜ:/ 44
/eɪ/ 48
/aɪ/ 50
/ɔɪ/ 52
/əʊ/ 54
/aʊ/ 56
/ɪə/ 58
/eə/ 60
/ʊə/ 62

练习 Practice

1. /lɪ/   /le/   /læ/   /lɒ/   /lʌ/   /lʊ/   /lə/

   /li:/   /lɑ:/   /lɔ:/   /lu:/   /lɜ:/

   /leɪ/   /laɪ/   /lɔɪ/   /ləʊ/   /laʊ/   /lɪə/   /leə/   /lʊə/

2. /lɪk/   /ledʒ/   /læb/   /lɒk/   /lʌg/   /'lʊkə/   /'fɪlə/
   lick   ledge   lab   lock   lug   looker   filler

   /li:n/   /lɑ:k/   /lɔ:n/   /lu:t/   /lɜ:nt/
   lean   lark   lawn/lorn loot   learnt

   /leɪd/   /laɪt/   /'lɔɪtə/   /ləʊf/   /laʊt/   /'eɪlɪəs/   /'leərɪdʒ/   /'lʊərɪd/
   laid   light/lite loiter   loaf   lout   alias   lairage   lurid

3. /ɪɫ/   /eɫ/   /æɫ/   /ɒɫ/   /ʌɫ/   /ʊɫ/   /əɫ/

   /i:ɫ/   /ɑ:ɫ/   /ɔ:ɫ/   /u:ɫ/   /ɜ:ɫ/

   /eɪɫ/   /aɪɫ/   /ɔɪɫ/   /əʊɫ/   /aʊɫ/

4. /hɪɫ/   /weɫ/   /pæɫ/   /kɒɫ/   /gʌɫ/   /wʊɫ/   /'pedəɫ/
   hill   well   pal   col   gull   wool   pedal

/pi:ɫ/	/mɑ:ɫ/	/wɔ:ɫ/	/dru:ɫ/	/pɜ:ɫ/		/p/ 66
peel	marl	wall	drool	pearl		/b/
						/t/ 68
/peɪɫ/	/taɪɫ/	/vɔɪɫ/	/gəʊɫ/	/haʊɫ/		/d/
pale	tile	voile	goal	howl		/k/ 70

5. a light ball   a lot of love   a low hill   fall ill

   fill the kettle   lose a file   live or leave   live and learn

6. Live and let live.

   Let sleeping dogs lie.

   All is well that ends well.

   Lee likes to live by the lake.

   Take the pill and you will feel well.

发音与拼写　**Sound and Spelling**

字母 l 和字母组合 ll 后接元音时发 /l/，位于词尾时发 /ɫ/，如 luck、follow、fuel、fill。

/k/ 70
/g/
/f/ 74
/v/
/θ/ 76
/ð/
/s/ 78
/z/
/ʃ/ 80
/ʒ/
/h/ 82
/r/ 84
/tʃ/ 88
/dʒ/
/tr/ 90
/dr/
/ts/ 92
/dz/
/m/ 96
/n/ 98
/ŋ/ 100
/l/ 104
/w/ 106
/j/ 108

/l/ /**w**/ /j/

发音要点 Description

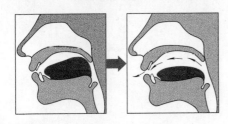

► 自然张口；
► 双唇收圆且向前突出；
► 舌后部向上隆起，但不接触软腭；
► 气流从双唇缝隙泄出，同时双唇展开（从左图到右图）；
► 发 /w/ 时，声带振动。

练习 Practice

1. /wɪ/　　　/we/　　　/wæ/　　　/wɒ/　　　/wʌ/　　　/wʊ/

　　/wiː/　　　/wɑː/　　　/wɔː/　　　/wuː/　　　/wɜː/

　　/weɪ/　　　/waɪ/　　　/wəʊ/　　　/waʊ/　　　/wɪə/　　　/weə/

2. /wɪt/　　　/web/　　　/wæm/　　　/wɒʃ/　　　/wʌns/　　　/wuf/
　　wit　　　web　　　wham　　　wash　　　once　　　woof

　　/wiːt/　　　/wɑːft/　　　/wɔːn/　　　/wuːnd/　　　/wɜːst/
　　wheat　　　waft　　　warn　　　wound　　　worst

　　/weɪv/　　　/waɪp/　　　/wəʊk/　　　/waʊnd/　　　/ˈwɪərɪ/　　　/ˈweərɪŋ/
　　wave　　　wipe　　　woke　　　wound①　　　weary　　　wearing

3.

/vɪm/ vim	/wɪm/ whim	/viːp/ veep	/wiːp/ weep
/vɪz/ viz	/wɪz/ whiz/whizz	/vɜːs/ verse	/wɜːs/ worse
/vedʒ/ veg	/wedʒ/ wedge	/veɪn/ vain/vane/vein	/weɪn/ wane
/væk/ vac	/wæk/ whack	/vaɪl/ vile	/waɪl/ while
/viːl/ veal	/wiːl/ weal/wheel	/vaɪn/ vine	/waɪn/ whine/wine

① wound 有两种读音：/waʊnd/ 和 /wuːnd/，意义不同。

4. which week　　　warm wine　　　why wait　　　　a white whale

   when and where　　walk away　　　weal and woe　　want to work

5. No sweet without sweat.

   His wife is a wonderful woman.

   Don't wash the sweater with warm water.

6. I wish to wish the wish you wish to wish, but if you wish the wish the witch

   wishes, I won't wish the wish you wish to wish.

发音与拼写　Sound and Spelling

1. 字母 w 发 /w/，如 want。

2. 字母组合 wh 不在字母 o 前时发 /w/，如 what。

3. 字母组合 qu 发 /kw/，如 quite。

/p/	66
/b/	
/t/	68
/d/	
/k/	70
/g/	
/f/	74
/v/	
/θ/	76
/ð/	
/s/	78
/z/	
/ʃ/	80
/ʒ/	
/h/	82
/r/	84
/tʃ/	88
/dʒ/	
/tr/	90
/dr/	
/ts/	92
/dz/	
/m/	96
/n/	98
/ŋ/	100
/l/	104
/w/	106
/j/	108

| /l/ | /w/ | **/j/** |

发音要点 Description

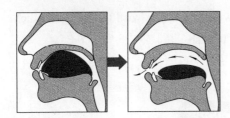

▶ 自然张口；
▶ 双唇展开；
▶ 舌前部向上隆起，舌中部隆起接触软腭；
▶ 气流从舌面与硬腭之间的缝隙中泄出，轻轻摩擦发出声音（从左图到右图）；
▶ 发 /j/ 时，声带振动。

练习 Practice

| /ɪ/ 20 |
| /e/ 22 |
| /æ/ 24 |
| /ɒ/ 26 |
| /ʌ/ 28 |
| /ʊ/ 30 |
| /ə/ 32 |
| /iː/ 36 |
| /ɑː/ 38 |
| /ɔː/ 40 |
| /uː/ 42 |
| /ɜː/ 44 |
| /eɪ/ 48 |
| /aɪ/ 50 |
| /ɔɪ/ 52 |
| /əʊ/ 54 |
| /aʊ/ 56 |
| /ɪə/ 58 |
| /eə/ 60 |
| /ʊə/ 62 |

1. /jɪ/　　/je/　　/jæ/　　/jɒ/　　/jʌ/
　 /jiː/　　/jɑː/　　/jɔː/　　/juː/　　/jɜː/
　 /jeɪ/　　/jaɪ/　　/jəʊ/　　/jaʊ/　　/jɪə/

2. /ˈjɪdɪʃ/　　/jet/　　/jæk/　　/jɒb/　　/jʌm/
　 Yiddish　　yet　　yak　　yob　　yum
　 /jiːld/　　/jɑːd/　　/jɔːn/　　/juːθ/　　/jɜːn/
　 yield　　yard　　yawn　　youth　　yearn
　 /jeɪl/　　/jaɪks/　　/ˈjəʊdəl/　　/jaʊl/　　/ˈjɪəlɪ/
　 Yale　　yikes　　yodel　　yowl　　yearly

3. ear—year　　ate—yet　　s—yes　　oak—yoke
　 east—yeast　　am—yam　　or—your　　air—yeah

4. a new yard　　New York　　a unique youth　　a year in Europe

5. You have used your new suit.

You will go to Yale University for a few years.

发音与拼写　Sound and Spelling

1. 字母 y 位于词首时发 /j/，如 yellow。

2. 字母 u 位于词首时发 /juː/，如 use。

/p/ /b/	66
/t/ /d/	68
/k/ /g/	70
/f/ /v/	74
/θ/ /ð/	76
/s/ /z/	78
/ʃ/ /ʒ/	80
/h/	82
/r/	84
/tʃ/ /dʒ/	88
/tr/ /dr/	90
/ts/ /dz/	92
/m/	96
/n/	98
/ŋ/	100
/l/	104
/w/	106
/j/	108

第9单元
UNIT 9

辅　音　Consonants

辅音连缀　Consonant Clusters

两个或两个以上的辅音相邻且中间没有元音的语音现象称作辅音连缀。辅音连缀既可以出现在词首或词尾，也可以出现在词中或词与词之间。英语的音节结构允许单词词首或词中有两个或三个辅音同时出现，如 skin /skɪn/、spring /sprɪŋ/ 等。而单词词尾可以同时出现多达四个辅音，如 sixths /sɪksθs/。

由于汉语中没有辅音连缀，所以中国的英语学习者在读辅音连缀时有可能会出现以下问题：

♦　丢音；

♦　加元音。

相邻辅音之间应自然过渡，中间不插入元音。英语单词可以由八个音素构成：词首三个辅音及词尾四个辅音再加个一个元音。这对以汉语为母语的学习者来说是一个挑战。

在读词首辅音连缀时，最容易出现的错误发音是在辅音连缀中加元音。如果词首两个辅音相邻，发第一个辅音时必须轻而短促；第二个辅音通常是浊辅音，发音要长且响亮。例如，/s/ 可直接与清辅音 /p/、/t/、/k/ 相邻。这时，/p/、/t/、/k/ 可以发成浊辅音。也就是说，/sp/、/st/、/sk/ 可以发成类似于 /sb/、/sd/、/sg/ 的音。因此，两个辅音在词首相邻时，发音要由弱到强，由短到长，由轻到响。/sp/、/st/ 和 /sk/ 的后面还能接一个浊辅音，词首就有三个辅音，如 /spl/、/spr/ 等。相邻辅音中的前两个辅音发音短而轻，第三个音是浊音，发音响亮。

词中或词尾辅音连缀时，最容易出现的错误发音是丢音或吞音。辅音连缀不论由几个辅音构成，发音都是前面的辅音轻而短，最后的辅音重而长。

一 词首辅音连缀

Consonant Clusters at the Beginning of Words

练习 Practice

1. **/p.../**

/pl-/	/pledʒ/ pledge	/plæn/ plan	/plɒd/ plod	/plʌs/ plus	/pli:/ plea
	/pli:z/ please	/plɑ:k/ plaque	/plu:m/ plume	/pleɪ/ play	/pleɪs/ place/plaice
	/pleɪn/ plain/plane	/plaɪ/ ply	/plaɪt/ plight	/plɔɪ/ ploy	/plaʊ/ plough/plow
/pr-/	/prɪk/ prick	/pres/ press	/præt/ prat	/prɒf/ prof	/pri:tʃ/ preach
	/prɔ:n/ prawn	/pru:v/ prove	/preɪ/ pray/prey	/preɪz/ praise	/praɪ/ pry
	/praɪd/ pride	/prəʊ/ pro	/prəʊz/ prose	/praʊ/ prow	/praʊd/ proud
/pj-/	/pju:/ pew	/pju:s/ puce	/pju:k/ puke	/pjʊə/ pure	/'pju:tə/ pewter
	/'pju:kɪ/ pukey/puky	/'pju:mə/ puma	/'pju:nɪ/ puny	/'pju:pə/ pupa	/'pju:pəl/ pupal/pupil

2. **/b.../**

/bl-/	/blɪs/ bliss	/bles/ bless	/blæk/ black	/blʌd/ blood	/blɒk/ bloc/block
	/bli:d/ bleed	/blɑ:/ blah	/blu:/ blue/blew	/blu:m/ bloom	/blɜ:/ blur
	/bleɪm/ blame	/blaɪð/ blithe	/bləʊ/ blow	/blaʊz/ blouse	/bleə/ blare
/br-/	/brɪdʒ/ bridge	/bred/ bred/bread	/bræʃ/ brash	/brʌʃ/ brush	/brɒθ/ broth
	/brʊk/ brook	/bri:f/ brief	/brɑ:/ bra	/brɔ:t/ brought	/bru:t/ brute
	/breɪn/ brain	/braɪt/ bright	/brɔɪl/ broil	/brəʊ/ bro	/braʊn/ brown
/bj-/	/bju:t/ beaut/butte	/'bju:tɪ/ beauty	/'bju:gəl/ bugle	/ə'bju:s/ abuse	/ə'bju:z/ abuse

| /ɪ/ 20 |
| /e/ 22 |
| /æ/ 24 |
| /ɒ/ 26 |
| /ʌ/ 28 |
| /ʊ/ 30 |
| /ə/ 32 |
| /i:/ 36 |
| /ɑ:/ 38 |
| /ɔ:/ 40 |
| /u:/ 42 |
| /ɜ:/ 44 |
| /eɪ/ 48 |
| /aɪ/ 50 |
| /ɔɪ/ 52 |
| /əʊ/ 54 |
| /aʊ/ 56 |
| /ɪə/ 58 |
| /eə/ 60 |
| /ʊə/ 62 |

3. /k.../

/kl-/	/klɪk/ click	/klæp/ clap	/klʌb/ club	/klɒk/ clock	/kliːn/ clean
	/klɑːs/ class	/klɔːz/ clause	/kluː/ clue	/kleɪm/ claim	/klaɪm/ climb/clime
	/kleɪ/ clay	/klɔɪ/ cloy	/kləʊz/ close	/klaʊd/ cloud	/klɪə/ clear
/kr-/	/krɪk/ crick	/kres/ cress	/kræb/ crab	/krʌʃ/ crush	/krɒs/ cross
	/krʊk/ crook	/kriːm/ cream	/krɑːl/ kraal	/krɔːl/ crawl	/kruː/ crew
	/kreɪn/ crane	/kraɪ/ cry	/kraɪm/ crime	/krəʊ/ crow	/kraʊtʃ/ crouch
/kw-/	/kwɪt/ quit	/kwɪz/ quiz	/kwel/ quell	/kwæk/ quack	/kwiːn/ queen
	/kwɑːk/ quark	/kwɔːt/ quart	/kwɜːk/ quirk	/kweɪk/ quake	/kwaɪt/ quite
	/ˈkwaɪə/ choir	/ˈkwaɪət/ quiet	/kwɔɪt/ quoit	/kwəʊt/ quote	/kwɪə/ queer
/kj-/	/kjuː/ cue/queue	/kjuːb/ cube	/kjʊə/ cure	/kjuːt/ cute	

Side index: /p/ /b/ 66　/t/ /d/ 68　/k/ /g/ 70　/f/ /v/ 74　/θ/ /ð/ 76　/s/ /z/ 78　/ʃ/ /ʒ/ 80　/h/ 82　/r/ 84　/tʃ/ /dʒ/ 88　/tr/ /dr/ 90　/ts/ /dz/ 92　/m/ 96　/n/ 98　/ŋ/ 100　/l/ 104　/w/ 106　/j/ 108

4. /g.../

/gl-/	/glɪb/ glib	/glen/ glen	/glæd/ glad	/glʌv/ glove	/glʌm/ glum
	/glɒs/ gloss	/gliː/ glee	/gliːm/ gleam	/gluː/ glue	/gluːm/ gloom
	/gleɪz/ glaze	/glaɪd/ glide	/gləʊ/ glow	/gləʊt/ gloat	/gləʊb/ globe
/gr-/	/grɪd/ grid	/grʌdʒ/ grudge	/grɒg/ grog	/griːv/ grieve	/græm/ gram/gramme
	/grɑːs/ grass	/gruːp/ group	/greɪd/ grade	/greɪt/ great	/graɪp/ gripe
	/grəʊ/ grow	/grəʊs/ gross	/grəʊθ/ growth	/graʊl/ growl	/grɔɪn/ groin/groyne

5. /t.../

/tw-/	/twɪg/ twig	/twɪn/ twin	/twæŋ/ twang	/twiː/ twee	/twiːk/ tweak
	/twiːt/ tweet	/twɜːl/ twirl	/tweɪn/ twain	/twaɪs/ twice	/twaɪn/ twine
/tj-/	/tjuːb/ tube	/tjuːl/ tulle	/tjuːn/ tune	/ˈtjuːbə/ tuba/tuber	/ˈtjuːlɪp/ tulip
	/ˈtjuːmə/ tumour	/ˈtjuːnə/ tuna/tuner	/ˈtjuːtə/ tutor		

6. /d.../

/dw-/	/dwel/ dwell	/dwelt/ dwelt	/dwiːb/ dweeb	/dwɔːf/ dwarf	
/dj-/	/djuː/ dew/due	/djuːs/ deuce	/dʒuːd/ dude	/djuːk/ duke	/djuːn/ dune
	/djuːp/ dupe	/djʊˈet/ duet	/djʊˈres/ duress		

7. /f.../

/fl-/	/flɪp/ flip	/fleʃ/ flesh	/flæt/ flat	/flʌd/ flood	/flɒk/ flock
	/fliːt/ fleet	/flɔː/ floor	/fluːt/ flute	/flɜːt/ flirt	/fleɪm/ flame
	/flaɪt/ flight	/fləʊ/ floe/flow	/fləʊt/ float	/flaʊt/ flout	/fleə/ flair/flare
/fr-/	/frɪl/ frill	/freʃ/ fresh	/fræt/ frat	/frɒg/ frog	/friː/ free
	/friːz/ freeze/frieze	/frɔːd/ fraud	/fruːt/ fruit	/freɪ/ fray	/freɪt/ freight
	/freɪz/ phrase	/fraɪ/ fry	/fraɪd/ fried	/frəʊz/ froze	/fraʊn/ frown
/fj-/	/fjuː/ few	/fjuːd/ feud	/fjuːg/ fugue	/fjuːm/ fume	/fjuːz/ fuse/fuze

8. /θ.../

| /θr-/ | /θrɪl/ thrill | /θred/ thread | /θreʃ/ thresh | /θræʃ/ thrash | /θrʌm/ thrum |

/ɪ/ 20
/e/ 22
/æ/ 24
/ɒ/ 26
/ʌ/ 28
/ʊ/ 30
/ə/ 32
/iː/ 36
/ɑː/ 38
/ɔː/ 40
/uː/ 42
/ɜː/ 44
/eɪ/ 48
/aɪ/ 50
/ɔɪ/ 52
/əʊ/ 54
/aʊ/ 56
/ɪə/ 58
/eə/ 60
/ʊə/ 62

/θrʌʃ/ thrush	/θrɒb/ throb	/θrɒŋ/ throng	/θriː/ three	/θrɔːl/ thrall
/θruː/ threw/thru/ through	/θraɪs/ thrice	/θraɪv/ thrive	/θrəʊ/ throw	/θrəʊt/ throat

/θw-/

/θwæk/ thwack	/θwɔːt/ thwart

9. **/ʃ.../**

/ʃr-/

/ʃrɪl/ shrill	/ʃred/ shred	/ʃrʌb/ shrub	/ʃrʌg/ shrug	/ʃriːk/ shriek
/ʃruː/ shrew	/ʃruːd/ shrewd	/ʃraɪn/ shrine	/ʃraʊd/ shroud	

10. **/s.../**

/sp-/

/spɪt/ spit	/spel/ spell	/spæn/ span	/spɒt/ spot	/spʌn/ spun
/spiːk/ speak	/spɑːk/ spark	/spɔːt/ sport	/spuːn/ spoon	/spɜːm/ sperm
/speɪs/ space	/spaɪ/ spy	/spɔɪl/ spoil	/spəʊk/ spoke	/spaʊs/ spouse
/spɪə/ spear	/speə/ spare			

/st-/

/stɪl/ still	/sted/ stead	/stæk/ stack	/stʌf/ stuff	/stɒp/ stop
/stʊd/ stood	/stiːl/ steal/steel	/stɑːt/ start	/stɔːm/ storm	/stuːl/ stool
/stɜː/ stir	/steɪt/ state	/staɪl/ stile/style	/stəʊn/ stone	/staʊt/ stout
/stɪə/ steer	/steə/ stare			

/sk-/

/skɪl/ skill	/sketʃ/ sketch	/skæn/ scan	/skʌd/ scud	/skɒt/ Scot
/skiːm/ scheme	/skɑːf/ scarf	/skɔː/ score	/skɔːdʒ/ skourge	/skuːp/ scoop
/skeɪl/ scale	/skaɪ/ sky	/skəʊp/ scope	/skaʊs/ Scouse	/skeə/ scare

/p/ 66
/b/
/t/ 68
/d/
/k/ 70
/g/
/f/ 74
/v/
/θ/ 76
/ð/
/s/ 78
/z/
/ʃ/ 80
/ʒ/
/h/ 82
/r/ 84
/tʃ/ 88
/dʒ/
/tr/ 90
/dr/
/ts/ 92
/dz/
/m/ 96
/n/ 98
/ŋ/ 100
/l/ 104
/w/ 106
/j/ 108

/str-/	/strɪŋ/ string	/stres/ stress	/stræp/ strap	/strʌk/ struck	/strʌŋ/ strong/strung
	/striːm/ stream	/striːt/ street	/strɔː/ straw	/streɪ/ stray	/streɪt/ straight/strait
	/straɪk/ strike	/straɪv/ strive	/strəʊk/ stroke	/strəʊl/ stroll	/strəʊv/ strove
/sm-/	/smɪθ/ smith	/smel/ smell	/smæʃ/ smash	/smʌg/ smug	/smɒg/ smog
	/smɑːt/ smart	/smɔːl/ small	/smuːθ/ smooth	/smɜːk/ smirk	/smaɪl/ smile
	/smaɪt/ smite	/sməʊk/ smoke	/sməʊt/ smote	/smɪə/ smear	
/sn-/	/snɪf/ sniff	/snæk/ snack	/snʌf/ snuff	/snɒb/ snob	/sniːz/ sneeze
	/snɑːf/ snarf	/snɔː/ snore	/snɔːt/ snort	/snuːp/ snoop	/sneɪk/ snake
	/snaɪd/ snide	/snəʊ/ snow	/snaʊt/ snout	/snɪə/ sneer	/sneə/ snare
/sw-/	/swɪm/ swim	/swet/ sweat	/swæm/ swam	/swʌm/ swum	/swɒn/ swan
	/swiːt/ suite/sweet	/swɑːv/ suave	/swɔː/ swore	/swɔːn/ sworn	/swuːp/ swoop
	/swɜːl/ swirl	/sweɪ/ sway	/sweɪd/ suede	/swaɪp/ swipe	/sweə/ swear

11. /sp.../

/spl-/	/splɪt/ split	/'splendɪd/ splendid	/splæʃ/ splash	/splæt/ splat	/splɒdʒ/ splodge
	/splɒʃ/ splosh	/splɒtʃ/ splotch	/spliːn/ spleen	/splɜːdʒ/ splurge	/spleɪ/ splay
/spr-/	/sprɪg/ sprig	/sprɪŋ/ spring	/spred/ spread	/spræt/ sprat	/spræŋ/ sprang
	/sprʌŋ/ sprung	/sprɒg/ sprog	/spriː/ spree	/sprɔːl/ sprawl	/spruːs/ spruce
	/spreɪ/ spray	/spreɪn/ sprain	/spraɪ/ spry	/spraɪt/ sprite	/spraʊt/ sprout

/ɪ/ 20
/e/ 22
/æ/ 24
/ɒ/ 26
/ʌ/ 28
/ʊ/ 30
/ə/ 32
/iː/ 36
/ɑː/ 38
/ɔː/ 40
/uː/ 42
/ɜː/ 44
/eɪ/ 48
/aɪ/ 50
/ɔɪ/ 52
/əʊ/ 54
/aʊ/ 56
/ɪə/ 58
/eə/ 60
/ʊə/ 62

12. **/sk.../**

/skr-/	/skræm/ scram	/skræp/ scrap	/skrætʃ/ scratch	/skrʌb/ scrub	/skrʌf/ scruff
	/skri:/ scree	/skri:tʃ/ screech	/skri:d/ screed	/skri:m/ scream	/skri:n/ screen
	/skrɔ:l/ scrawl	/skru:/ screw	/skreɪp/ scrape	/skrəʊl/ scroll	
/skw-/	/skwɪb/ squib	/skwɪd/ squid	/skwɪʃ/ squish	/skwɒd/ squad	/skwɒʃ/ squash
	/skwɒt/ squat	/skwi:k/ squeak	/skwi:l/ squeal	/skwi:z/ squeeze	/skwɔ:/ squaw
	/skwɔ:l/ squall	/skwɔ:k/ squawk	/skw3:m/ squirm	/skw3:t/ squirt	

13. **/st.../**

/stj-/	/stju:/ stew	/stju:d/ stewed	/ˈstju:əd/ steward	/ˈstju:ədɪs/ stewardess	/ˈstju:pɪd/ stupid
	/ˈstju:pə/ stupor	/ˈstju:dɪəʊ/ studio	/ˈstju:dənt/ student	/ˈstju:dɪəs/ studious	/ˈkɒstjʊm/ constume

二 词尾辅音连缀

Consonant Clusters at the End of Words

练习 Practice

1. **/-p.../**

/-pt/	/æpt/ apt	/ɒpt/ opt	/tʃɪpt/ chipped	/kept/ kept	/mɒpt/ mopped
	/li:pt/ leaped	/lu:pt/ looped	/ʃeɪpt/ shaped	/taɪpt/ typed	/həʊpt/ hoped
	/krept/ crept	/gru:pt/ grouped	/skɪpt/ skipped	/stept/ stepped	/stɒpt/ stopped
/-ps/	/æps/ apse	/kʌps/ cups	/tɒps/ tops	/ki:ps/ keeps	/kɔ:ps/ corpse

/p/	66
/b/	
/t/	68
/d/	
/k/	70
/g/	
/f/	74
/v/	
/θ/	76
/ð/	
/s/	78
/z/	
/ʃ/	80
/ʒ/	
/h/	82
/r/	84
/tʃ/	88
/dʒ/	
/tr/	90
/dr/	
/ts/	92
/dz/	
/m/	96
/n/	98
/ŋ/	100
/l/	104
/w/	106
/j/	108

	/huːps/ hoops	/paɪps/ pipes	/rəʊps/ ropes	/blɪps/ blips	/kriːps/ creeps
	/flæps/ flaps	/skəʊps/ scopes	/slɒps/ slops	/steps/ steppes	/skreɪps/ scrapes
/-pts/	/krɪpts/ crypts	/skrɪpts/ scripts	/tempts/ tempts	/əkˈsepts/ accepts	/əˈdæpts/ adapts
	/əˈdɒpts/ adopts	/ˈkɒnsepts/ concepts			

2. /-b.../

/-bd/	/ebd/ ebbed	/rɪbd/ ribbed	/webd/ webbed	/tæbd/ tabbed	/dʌbd/ dubbed
	/rɒbd/ robbed	/rəʊbd/ robed	/blæbd/ blabbed	/braɪbd/ bribed	/kjuːbd/ cubed
	/græbd/ grabbed	/prəʊbd/ probed	/skrʌbd/ scrubbed	/stʌbd/ stubbed	/swɒbd/ swabbed
/-bz/	/æbz/ abs	/kæbz/ cabs	/pʌbz/ pubs	/dʒɒbz/ jobs	/beɪbz/ babes
	/rəʊbz/ robes	/braɪbz/ bribes	/klʌbz/ clubs	/kræbz/ crabs	/dwiːbz/ dweebs
	/gləʊbz/ globes	/ʃrʌbz/ shrubs	/swɒbz/ swabs	/skraɪbz/ scribes	/skwɪbz/ squibs

3. /-k.../

/-kt/	/ækt/ act	/tʃekt/ checked	/fækt/ fact	/lʊkt/ looked	/mɑːkt/ marked
	/wɜːkt/ worked	/laɪkt/ liked	/klɪkt/ clicked	/krækt/ cracked	/prɪkt/ pricked
	/sməʊkt/ smoked	/snækt/ snacked	/stəʊkt/ stoked	/strɪkt/ strict	
/-ks/	/æks/ axe	/eks/ ex	/mɪks/ mix	/seks/ sex	/tæks/ tax
	/bɒks/ box	/bʊks/ books	/wiːks/ weeks	/pɑːks/ parks	/tɔːks/ talks

/ɪ/ 20
/e/ 22
/æ/ 24
/ɒ/ 26
/ʌ/ 28
/ʊ/ 30
/ə/ 32
/iː/ 36
/ɑː/ 38
/ɔː/ 40
/uː/ 42
/ɜː/ 44
/eɪ/ 48
/aɪ/ 50
/ɔɪ/ 52
/əʊ/ 54
/aʊ/ 56
/ɪə/ 58
/eə/ 60
/ʊə/ 62

	/keɪks/ cakes	/baɪks/ bikes	/klɒks/ clocks	/spiːks/ speaks	/skwiːks/ squeaks
/-kst/	/fɪkst/ fixed	/mɪkst/ mixed	/nekst/ next	/tekst/ text	/fækst/ faxed
	/tækst/ taxed	/bɒkst/ boxed	/kəʊkst/ coaxed	/həʊkst/ hoaxed	/flekst/ flexed
/-kts/	/ækts/ acts	/dʌkts/ ducts	/fækts/ facts	/pækts/ pacts	/sekts/ sects
	/tækts/ tacts	/trækts/ tracts	/strɪkts/ stricts		

4. **/-g.../**

/-gd/	/begd/ begged	/hʌgd/ hugged	/dʒɒgd/ jogged	/liːgd/ leagued	/klɒgd/ clogged
	/flægd/ flagged	/blægd/ blagged	/brægd/ bragged	/plʌgd/ plugged	/ʃrʌgd/ shrugged
	/slɒgd/ slogged	/snægd/ snagged	/swɪgd/ swigged	/twɪgd/ twigged	/sprɪgd/ sprigged
/-gz/	/pɪgz/ pigs	/bægz/ bags	/mʌgz/ mugs	/lɒgz/ logs	/liːgz/ leagues
	/blɒgz/ blogs	/brɪgz/ brigs	/frɒgz/ frogs	/pleɪgz/ plagues	/slʌgz/ slugs
	/smɒgz/ smogs	/snægz/ snags	/stægz/ stags	/swægz/ swags	/sprɒgz/ sprogs

5. **/-f.../**

/-ft/	/gɪft/ gift	/θeft/ theft	/sɒft/ soft	/biːft/ beefed	/drɑːft/ draft
	/ruːft/ roofed	/sɜːft/ surfed	/naɪft/ knifed	/ləʊft/ loafed	/kleft/ cleft
	/krɑːft/ craft	/stʌft/ stuffed	/ʃrɪft/ shrift	/swɪft/ swift	/θrɪft/ thrift
/-fs/	/ʃefs/ chefs	/bʌfs/ buffs	/tʃiːfs/ chiefs	/mɔːfs/ morphs	/huːfs/ hoofs

/p/	66
/b/	
/t/	68
/d/	
/k/	70
/g/	
/f/	74
/v/	
/θ/	76
/ð/	
/s/	78
/z/	
/ʃ/	80
/ʒ/	
/h/	82
/r/	84
/tʃ/	88
/dʒ/	
/tr/	90
/dr/	
/ts/	92
/dz/	
/m/	96
/n/	98
/ŋ/	100
/l/	104
/w/	106
/j/	108

/əʊfs/	/briːfs/	/klɪfs/	/flʌfs/	/grɑːfs/
oafs	briefs	cliffs	fluffs	graphs
/pruːfs/	/kwɪfs/	/skɑːfs/	/skɪfs/	/splɪfs/
proofs	quiffs	scarfs	skiffs	spliffs

/-fts/

/gɪfts/	/lɪfts/	/θefts/	/wefts/	/lɒfts/
gifts	lifts	thefts	wefts	lofts
/tʌfts/	/hɑːfts/	/klefts/	/krɑːfts/	/drɑːfts/
tufts	hafts	clefts	crafts	drafts/draughts
/grɑːfts/	/grɪfts/	/ʃrɪfts/	/swɪfts/	/θrɪfts/
grafts	grifts	shrifts	swifts	thrifts

6. **/-v.../**

/-vd/

/lɪrvd/	/lʌvd/	/kɑːvd/	/muːvd/	/kɜːvd/
lived	loved	carved	moved	curved
/seɪvd/	/daɪvd/	/kliːvd/	/kreɪvd/	/griːvd/
saved	dived	cleaved	craved	grieved
/pruːvd/	/skaɪvd/	/sleɪvd/	/stɑːvd/	/θraɪvd/
proved	skived	slaved	starved	thrived

/-vz/

/gɪvz/	/hævz/	/dʌvz/	/liːvz/	/hɑːvz/
gives	haves	doves	leaves	halves
/naɪvz/	/ləʊvz/	/glʌvz/	/sliːvz/	/stəʊvz/
knives	loaves	gloves	sleeves	stoves

7. **/-θ.../**

/-θt/

/bɜːθt/	/ɜːθt/	/maʊθt/	/frɒθt/	/ʃiːθt/
berthed	earthed	mouthed	frothed	sheathed

/-θs/

/mɪθs/	/meθs/	/mæθs/	/hiːθs/	/pɑːθs/
myths	meths	maths	heaths	paths
/juːθs/	/bɜːθs/	/feɪθs/	/əʊθs/	/maʊθs/
youths	births	faiths	oaths	mouths
/breθs/	/klɒθs/	/frɒθs/	/grəʊθs/	/sluːθs/
breaths	cloths	froths	growths	sleuths

/ɪ/ 20
/e/ 22
/æ/ 24
/ɒ/ 26
/ʌ/ 28
/ʊ/ 30
/ə/ 32
/iː/ 36
/ɑː/ 38
/ɔː/ 40
/uː/ 42
/ɜː/ 44
/eɪ/ 48
/aɪ/ 50
/ɔɪ/ 52
/əʊ/ 54
/aʊ/ 56
/ɪə/ 58
/eə/ 60
/ʊə/ 62

8. /-ð…/

/-ðd/	/beɪðd/ bathed	/ləʊðd/ loathed	/saɪðd/ scythed	/siːðd/ seethed	/suːðd/ soothed
	/tiːðd/ teethed	/riːðd/ wreathed	/raɪðd/ writhed	/briːðd/ breathed	/kləʊðd/ clothed
	/smuːðd/ smoothed	/sweɪðd/ swathed			

/-ðz/	/beɪðz/ bathes	/leɪðz/ lathes	/ləʊðz/ loathes	/saɪðz/ scythes	/siːðz/ seethes
	/suːðz/ soothes	/tiːðz/ teethes	/riːðz/ wreathes	/raɪðz/ writhes	/briːðz/ breathes
	/kləʊðz/ clothes	/smuːðz/ smoothes	/sweɪðz/ swathes		

9. /-ʃ…/

/-ʃt/	/wɪʃt/ wished	/meʃt/ meshed	/dæʃt/ dashed	/rʌʃt/ rushed	/pʊʃt/ pushed
	/liːʃt/ leashed	/brʌʃt/ brushed	/klæʃt/ clashed	/krʌʃt/ crushed	/flæʃt/ flashed
	/slæʃt/ slashed	/smæʃt/ smashed	/θreʃt/ threshed	/splæʃt/ splashed	/skwɪʃt/ squished

10. /-tʃ…/

/-tʃt/	/dɪtʃt/ ditched	/fetʃt/ fetched	/mætʃt/ matched	/tʌtʃt/ touched	/wɒtʃt/ watched
	/riːtʃt/ reached	/mɑːtʃt/ marched	/sɜːtʃt/ searched	/kəʊtʃt/ coached	/briːtʃt/ breached
	/sketʃt/ sketched	/stɪtʃt/ stitched	/stretʃt/ stretched	/swɪtʃt/ switched	/skrætʃt/ scratched

11. /-dʒ…/

/-dʒd/	/eɪdʒd/ aged	/edʒd/ edged	/hedʒd/ hedged	/dʒʌdʒd/ judged	/tʃɑːdʒd/ charged
	/fɔːdʒd/ forged	/mɜːdʒd/ merged	/keɪdʒd/ caged	/gaʊdʒd/ gouged	/brɪdʒd/ bridged

/p/ /b/	66
/t/ /d/	68
/k/ /g/	70
/f/ /v/	74
/θ/ /ð/	76
/s/ /z/	78
/ʃ/ /ʒ/	80
/h/	82
/r/	84
/tʃ/ /dʒ/	88
/tr/ /dr/	90
/ts/ /dz/	92
/m/	96
/n/	98
/ŋ/	100
/l/	104
/w/	106
/j/	108

/pledʒd/	/sledʒd/	/smʌdʒd/	/steɪdʒd/	/splɜːdʒd/
pledged	sledged	smudged	staged	splurged

12. /-s.../

/-sp/

/lɪsp/	/wɪsp/	/æsp/	/wɒsp/	/kʌsp/
lisp	wisp	asp	wasp	cusp

/gɑːsp/	/hɑːsp/	/rɑːsp/	/krɪsp/	/grɑːsp/
gasp	hasp	rasp	crisp	grasp

/-sk/

/bɪsk/	/dɪsk/	/rɪsk/	/desk/	/bæsk/
bisque	disc/disk	risk	desk	basque

/mɒsk/	/bʌsk/	/dʌsk/	/mʌsk/	/ɑːsk/
mosque	busk	dusk	musk	ask

/tɑːsk/	/brɪsk/	/bruːsk/	/flɑːsk/	/frɪsk/
task	brisk	brusque	flask	frisk

/-st/

/lɪst/	/best/	/dʒʌst/	/lɒst/	/liːst/
list	best	just	lost	least

/fɑːst/	/juːst/	/fɜːst/	/beɪst/	/məʊst/
fast	used	first	based/baste	most

/brest/	/kraɪst/	/pleɪst/	/strest/	/twɪst/
breast	Christ	placed	stressed	twist

/-sks/

/dɪsks/	/rɪsks/	/desks/	/dʌsks/	/mʌsks/
discs/disks	risks	desks	dusks	musks

/mɒsks/	/ɑːsks/	/tɑːsks/	/flɑːsks/	/frɪsks/
mosques	asks	tasks	flasks	frisks

/-skt/

/rɪskt/	/wɪskt/	/bʌskt/	/hʌskt/	/ɑːskt/
risked	whisked	busked	husked	asked

/bɑːskt/	/mɑːskt/	/tɑːskt/	/frɪskt/	
basked	masked	tasked	frisked	

/-sts/

/fɪsts/	/nests/	/trʌsts/	/kɒsts/	/biːsts/
fists	nests	trusts	costs	beasts

/lɑːsts/	/bɜːsts/	/teɪsts/	/pəʊsts/	/blɑːsts/
lasts	bursts	tastes	posts	blasts

/briːsts/	/krʌsts/	/priːsts/	/kwests/	/θrʌsts/
breasts	crusts	priests	quests	thrusts

/ɪ/ 20
/e/ 22
/æ/ 24
/ɒ/ 26
/ʌ/ 28
/ʊ/ 30
/ə/ 32
/iː/ 36
/ɑː/ 38
/ɔː/ 40
/uː/ 42
/ɜː/ 44
/eɪ/ 48
/aɪ/ 50
/ɔɪ/ 52
/əʊ/ 54
/aʊ/ 56
/ɪə/ 58
/eə/ 60
/ʊə/ 62

13. /-z.../

/-zd/
| /bʌzd/ | /tiːzd/ | /pɑːzd/ | /kɔːzd/ | /reɪzd/ |
| buzzed | teased | parsed | caused | raised |

| /saɪzd/ | /nɔɪzd/ | /braʊzd/ | /kləʊzd/ | /kruːzd/ |
| sized | noised | browsed | closed | cruised |

| /freɪzd/ | /pliːzd/ | /preɪzd/ | /sniːzd/ | /skwiːzd/ |
| phrased | pleased | praised | sneezed | squeezed |

14. /-m.../

/-md/
| /rɪmd/ | /dʒæmd/ | /sʌmd/ | /bɒmd/ | /siːmd/ |
| rimmed | jammed | summed | bombed | seemed |

| /kɑːmd/ | /fɔːmd/ | /neɪmd/ | /taɪmd/ | /bluːmd/ |
| calmed | formed | named | timed | bloomed |

| /klaɪmd/ | /freɪmd/ | /glɒmd/ | /stiːmd/ | /skriːmd/ |
| climbed | framed | glommed | steamed | screamed |

/-mf/
| /lɪmf/ | /nɪmf/ | /bʌmf/ | /ʊmf/ | /ˈtraɪəmf/ |
| lymph | nymph | bumf/bumph | oomph | triumph |

/-mp/
| /ɪmp/ | /lɪmp/ | /temp/ | /læmp/ | /dʒʌmp/ |
| imp | limp | temp | lamp | jump |

| /pɒmp/ | /klæmp/ | /plʌmp/ | /ʃrɪmp/ | /slʌmp/ |
| pomp | clamp | plump | shrimp | slump |

| /stæmp/ | /swɒmp/ | /blɪmp/ | /skrɪmp/ | /skrʌmp/ |
| stamp | swamp | blimp | scrimp | scrump |

/-mz/
| /lɪmz/ | /dæmz/ | /kʌmz/ | /tiːmz/ | /fɑːmz/ |
| limbs | dams | comes | teams | farms |

| /dɔːmz/ | /ruːmz/ | /tɜːmz/ | /geɪmz/ | /həʊmz/ |
| dorms | rooms | terms | games | homes |

| /bleɪmz/ | /kraɪmz/ | /plʌmz/ | /striːmz/ | /skrʌmz/ |
| blames | crimes | plums | streams | scrums |

/-mps/
| /lɪmps/ | /temps/ | /tʃæmps/ | /dʌmps/ | /kɒmps/ |
| limps | temps | champs | dumps | comps |

| /klʌmps/ | /krɪmps/ | /frʌmps/ | /plʌmps/ | /prɪmps/ |
| clumps | crimps | frumps | plumps | primps |

/p/	66
/b/	
/t/	68
/d/	
/k/	70
/g/	
/f/	74
/v/	
/θ/	76
/ð/	
/s/	78
/z/	
/ʃ/	80
/ʒ/	
/h/	82
/r/	84
/tʃ/	88
/dʒ/	
/tr/	90
/dr/	
/ts/	92
/dz/	
/m/	96
/n/	98
/ŋ/	100
/l/	104
/w/	106
/j/	108

/skæmps/	/slʌmps/	/stʌmps/	/swɒmps/	/skrɪmps/
scamps	slumps	stumps	swamps	scrimps

/-mpt/

/pɪmpt/	/tempt/	/træmpt/	/pʌmpt/	/rɒmpt/
pimped	temped	tramped	pumped	romped

/klʌmpt/	/kræmpt/	/plʌmpt/	/prɪmpt/	/skɪmpt/
clumped	cramped	plumped	primed	skimped

/slʌmpt/	/stɒmpt/	/swɒmpt/	/skrɪmpt/	
slumped	stomped	swamped	scrimped	

15. /-n.../

/-nd/

/wɪnd/	/lend/	/bænd/	/pɒnd/	/wuːnd/
wind	lend	band	pond	wound

/tɜːnd/	/faɪnd/	/waʊnd/	/blend/	/kliːnd/
turned	find	wound	blend	cleaned

/frend/	/grænd/	/plænd/	/skɪnd/	/spreɪnd/
friend	grand	planned	skinned	sprained

/-ndʒ/

/hɪndʒ/	/tɪndʒ/	/wɪndʒ/	/tʃeɪndʒ/	/reɪndʒ/
hinge	tinge	winge/whinge	change	range

/laʊndʒ/	/krɪndʒ/	/twɪndʒ/	/flændʒ/	/grʌndʒ/
lounge	cringe	twinge	flange	grunge

/plʌndʒ/	/spʌndʒ/	/greɪndʒ/	/streɪndʒ/	/skraʊndʒ/
plunge	spunge	grange	strange	scrounge

/-ns/

/sɪns/	/tens/	/sens/	/mæns/	/wʌns/
since	tense	sense	manse	once

/bɒns/	/tʃɑːns/	/dɑːns/	/paʊns/	/flaʊns/
bonce	chance	dance	pounce	flounce

/glɑːns/	/prɑːns/	/kwɪns/	/skɒns/	/stɑːns/
glance	prance	quince	sconce	stance

/-nt/

/hɪnt/	/bent/	/pænt/	/hʌnt/	/wɒnt/
hint	bent	pant	hunt	want

/ɑːnt/	/kɑːnt/	/peɪnt/	/pɔɪnt/	/kaʊnt/
aunt	can't	paint	point	count

/ɪ/ 20
/e/ 22
/æ/ 24
/ɒ/ 26
/ʌ/ 28
/ʊ/ 30
/ə/ 32
/iː/ 36
/ɑː/ 38
/ɔː/ 40
/uː/ 42
/ɜː/ 44
/eɪ/ 48
/aɪ/ 50
/ɔɪ/ 52
/əʊ/ 54
/aʊ/ 56
/ɪə/ 58
/eə/ 60
/ʊə/ 62

	/blʌnt/ blunt	/grɑːnt/ grant	/splɪnt/ splint	/sprɪnt/ sprint	/skwɪnt/ squint
/-ntʃ/	/ɪntʃ/ inch	/bentʃ/ bench	/pʌntʃ/ punch	/rɑːntʃ/ ranch	/hɔːntʃ/ haunch
	/blɑːntʃ/ blanch	/brʌntʃ/ brunch	/klɪntʃ/ clinch	/krʌntʃ/ crunch	/flɪntʃ/ flinch
	/frentʃ/ French	/kwentʃ/ quench	/stɑːntʃ/ stanch	/stɔːntʃ/ staunch	/skrʌntʃ/ scrunch
/-nz/	/tɪnz/ tins	/penz/ pens	/sʌnz/ sons	/miːnz/ means	/kɔːnz/ corns
	/muːnz/ moons	/bɜːnz/ burns	/tʃeɪnz/ chains	/laɪnz/ lines	/kɔɪnz/ coins
	/fəʊnz/ phones	/kreɪnz/ cranes	/greɪnz/ grains	/swɒnz/ swans	/skriːnz/ screens
/-ndʒd/	/bɪndʒd/ binged	/hɪndʒd/ hinged	/tɪndʒd/ tinged	/wɪndʒd/ whinged	/gʌndʒd/ gunged
	/tʃeɪndʒd/ changed	/reɪndʒd/ ranged	/laʊndʒd/ lounged	/krɪndʒd/ cringed	/plʌndʒd/ plunged
	/spʌndʒd/ spunged	/skraʊndʒd/ scrounged			

16. **/-ŋ.../**

/-ŋk/	/pɪŋk/ pink	/zɪŋk/ zinc	/bæŋk/ bank	/dʒʌŋk/ junk	/wɒŋk/ wonk
	/ɔɪŋk/ oink	/blɪŋk/ blink	/brɪŋk/ brink	/kræŋk/ crank	/flʌŋk/ flunk
	/fræŋk/ franc/frank	/præŋk/ prank	/ʃrʌŋk/ shrunk	/slʌŋk/ slunk	/stʌŋk/ stunk
/-ŋz/	/rɪŋz/ rings	/bæŋz/ bangs	/sɒŋz/ songs	/lʌŋz/ lungs	/brɪŋz/ brings
	/klɪŋz/ clings	/flɪŋz/ flings	/slæŋz/ slangs	/sprɪŋz/ springs	/stɪŋz/ stings
	/strɪŋz/ strings	/swɪŋz/ swings	/twæŋz/ twangs		
/-ŋks/	/drɪŋks/ drinks	/ræŋks/ ranks	/trʌŋks/ trunks	/hɒŋks/ honks	/blæŋks/ blanks

/p/ /b/ 66
/t/ /d/ 68
/k/ /g/ 70
/f/ /v/ 74
/θ/ /ð/ 76
/s/ /z/ 78
/ʃ/ /ʒ/ 80
/h/ 82
/r/ 84
/tʃ/ /dʒ/ 88
/tr/ /dr/ 90
/ts/ /dz/ 92
/m/ 96
/n/ 98
/ŋ/ 100
/l/ 104
/w/ 106
/j/ 108

/brɪŋks/	/klʌŋks/	/kræŋks/	/flæŋks/	/plæŋks/
brinks	clunks	cranks	flanks	planks
/ʃrɪŋks/	/skʌŋks/	/stæŋks/	/swæŋks/	
shrinks	skunks	stanks	swanks	

17. **/-l.../**

/-ld/

/bɪld/	/held/	/pʊld/	/hiːld/	/ruːld/
build	held	pulled	healed	ruled
/wɜːld/	/veɪld/	/tʃaɪld/	/ɔɪld/	/təʊld/
world	veiled	child	oiled	told
/brɔɪld/	/krɔːld/	/graʊld/	/skəʊld/	/θrɪld/
broiled	crawled	growled	scold	thrilled

/-lf/

/elf/	/gɒlf/	/gʌlf/	/self/	/ʃelf/
elf	golf	gulf	self	shelf
/sɪlf/	/wʊlf/			
sylph	wolf			

/-lk/

/ɪlk/	/bɪlk/	/mɪlk/	/sɪlk/	/elk/
ilk	bilk	milk	silk	elk
/welk/	/tælk/	/bʌlk/	/hʌlk/	/sʌlk/
whelk	talk	bulk	hulk	sulk

/-lm/

/elm/	/helm/	/relm/	/fɪlm/	
elm	helm	realm	film	

/-lp/

/help/	/kelp/	/welp/	/jelp/	/gʌlp/
help	kelp	whelp	yelp	gulp
/pʌlp/	/skælp/			
pulp	scalp			

/-lt/

/bɪlt/	/gɪlt/	/belt/	/welt/	/fɔːlt/
built	gilt/guilt	belt	welt	fault
/sɔːlt/	/dʒəʊlt/	/dwelt/	/kwɪlt/	/smelt/
salt	jolt	dwelt	quilt	smelt
/spelt/	/spɪlt/	/spɔɪlt/	/stɪlt/	/svelt/
spelt	spilt	spoilt	stilt	svelte

/-ltʃ/

/fɪltʃ/	/zɪltʃ/	/beltʃ/	/gʌltʃ/	/skweltʃ/
filch	zilch	belch	gulch	squelch

/-lv/

/delv/	/ʃelv/	/vælv/	/sɒlv/	/twelv/
delve	shelve	valve	solve	twelve

Left margin vertical scale:
/ɪ/ 20
/e/ 22
/æ/ 24
/ɒ/ 26
/ʌ/ 28
/ʊ/ 30
/ə/ 32
/iː/ 36
/ɑː/ 38
/ɔː/ 40
/uː/ 42
/ɜː/ 44
/eɪ/ 48
/aɪ/ 50
/ɔɪ/ 52
/əʊ/ 54
/aʊ/ 56
/ɪə/ 58
/eə/ 60
/ʊə/ 62

/-lz/

/bɪlz/ bills	/selz/ cells	/pælz/ pals	/dɒlz/ dolls	
/bʊlz/ bulls	/teɪlz/ tales	/maɪlz/ miles	/sɔɪlz/ soils	/pəʊlz/ poles/polls
/grɪlz/ grills	/skeɪlz/ scales	/ʃrɪlz/ shrills	/twɜːlz/ twirls	/skrəʊlz/ scrolls

18. **/-θ/**

/depθ/ depth	/eɪtθ/ eighth	/wɪdθ/ width	/bredθ/ breadth	/fɪfθ/ fifth
/sɪksθ/ sixth	/wɔːmθ/ warmth	/tenθ/ tenth	/mʌnθ/ month	/naɪnθ/ ninth
/plɪnθ/ plinth	/leŋθ/ length	/streŋθ/ strength	/fɪlθ/ filth	/helθ/ health
/welθ/ wealth	/stelθ/ stealth	/twelfθ/ twelfth		

/p/ /b/	66
/t/ /d/	68
/k/ /g/	70
/f/ /v/	74
/θ/ /ð/	76
/s/ /z/	78
/ʃ/ /ʒ/	80
/h/	82
/r/	84
/tʃ/ /dʒ/	88
/tr/ /dr/	90
/ts/ /dz/	92
/m/	96
/n/	98
/ŋ/	100
/l/	104
/w/	106
/j/	108

PART THREE

ENGLISH PRONUNCIATION
IN RAPID CONNECTED SPEECHES

第三部分

快速连贯语流中
的英语语音

第 10 单元
UNIT 10

失爆和不完全爆破

Loss of Plosion
and Incomplete Explosion

我们在前面已经学了爆破音的发音方法，也了解了爆破音的三个发音阶段：成阻、持阻和除阻。但是，当爆破音位于单词词尾，后面又跟着另一个辅音时，这种爆破音就只有两个发音阶段，没有除阻阶段，所以会失去爆破或不完全爆破。

例如 apt 中 /pt/ 的发音方法为：先准备发 /p/：双唇紧闭（形成阻碍），堵住气流，但不发音；然后发 /t/：舌尖与舌叶顶住上齿龈，形成阻碍，之后消除阻碍。这样，虽然没有发出 /p/ 音，但只是失去了爆破而没有失去发音部位。因此，从听觉上来说两个爆破音似乎都发出来了。

失爆和不完全爆破可以出现在词中、词尾及词际间（单词与单词之间）。爆破音后面接爆破音、破擦音、摩擦音、鼻音和舌侧音时，都会失去爆破或不完全爆破。

1.　爆破音 + 爆破音 Stop + Stop

英语爆破音 /p/、/b/、/t/、/d/、/k/、/g/ 中的任何两个音相邻时，前面的爆破音仅需要完成成阻与持阻两个阶段，而无须消除阻碍进行爆破。这种发音方式是失去爆破，简称失爆。失爆的发音方法是：第一个爆破音只需根据其发音部位做发音准备，但不爆破发音，随即发出后面的爆破音，且后面的爆破音需要完全爆破。

例如：adopt /əˈdɒ(p)t/　　　　fix /fɪ(k)s/　　　　doctor /ˈdɒ(k)tə/

　　　robbed /rɒ(b)d/　　　　blackboard /ˈblæ(k)bɔːd/　　lamppost /ˈlæm(p)pəʊst/

　　　good time /gʊ(d) taɪm/　keep quiet /kiː(p) kwaɪət/　good-bye /gʊ(d) baɪ/

2. 爆破音 + 摩擦音/破擦音 Stop + Fricative/Affricate

　　爆破音后如出现摩擦音 /s/、/z/、/f/、/v/、/θ/、/ð/、/ʃ/、/ʒ/、/r/、/h/ 或破擦音 /tʃ/、/dʒ/ 时，只需要部分爆破，这种语音现象称为不完全爆破。发音时，爆破音只完成除阻爆破的一部分，气流从狭小的缝隙中溢出，形成不完全爆破，然后过渡到后面的摩擦音或破擦音。

　　例如：absent /ˈæ(b)sənt/　　　　box /bɒ(k)s/　　　　picture /ˈpɪ(k)tʃə/

　　　　　a big change /ə ˈbɪ(g) ˈtʃeɪndʒ/　a big horse /ə ˈbɪ(g)ˈhɔːs/　a good child /ə ˈgʊ(d) ˈtʃaɪld/

3. 爆破音 /t/、/d/ + 鼻辅音 /m/、/n/（鼻腔爆破）Stops /t/、/d/ + Nasal Consonants /m/、 /n/ (Nasal Plosion)

　　当爆破音 /t/ 或 /d/ 后面紧跟着鼻辅音 /m/ 或 /n/ 时，爆破音不完全爆破。发音时，舌尖和舌叶紧贴上齿龈，气流由鼻腔爆破溢出，形成鼻腔爆破。

　　(1) 注意：/tn/ 或 /dn/ 之间不能加入元音 /ə/。发音时，/tn/ 和 /dn/ 要在同一部位（齿龈），同时发音。舌尖紧贴齿龈不动，然后用气流冲击软腭使之下移，打开鼻腔通道，爆破音和 /n/ 一起自然地发出。

　　例如：written /ˈrɪ(t)n/　　　　button /ˈbʌ(t)n/　　　certain /ˈsɜː(t)n/

　　　　　hidden /ˈhɪ(d)n/　　　　pardon /ˈpɑː(d)n/　　　garden /ˈgɑː(d)n/

含有非成音节 /n/ 的单词也遵循鼻腔爆破的发音方法。

　　例如：brightness /ˈbraɪ(t)nɪs/　　　　　　goodness /ˈgʊ(d)nɪs/

　　　　　late night /ˈleɪ(t) ˈnaɪt/　　　　　　bad news /ˈbæ(d) ˈnjuːz/

　　(2) 鼻腔爆破出现在 /t/ 或 /d/ + /m/ 这一组合中时，舌尖要紧贴上齿龈，软腭下移，开放鼻腔通道，把爆破音 /t/ 或 /d/ 从鼻腔内带出来。注意：一定要等 /t/ 或 /d/ 在鼻腔中形成爆破后才能把舌尖放下来，否则就有可能在两音之间加入了 /ə/ 音。

　　例如：excitement /ɪ(k)ˈsaɪ(t)mənt/　　　　utmost /ˈʌ(t)məʊst/

　　　　　sad music /sæ(d) ˈmjuːzɪk/　　　　　a good many /ə gʊ(d) ˈmenɪ/

4. 爆破音 /t/、/d/ + 舌侧辅音 /l/（舌侧爆破） Stops /t/、 /d/ + Lateral Consonant /l/ （Lateral Plosion）

　　爆破音 /t/、/d/ 和舌侧辅音 /l/ 的发音部位相同，都在上齿龈。唯一的区别是: 发爆破音 /t/、/d/ 时, 舌尖在贴住齿龈的同时, 舌的两侧要紧贴硬腭的两侧, 为后面 /ɫ/ 的发音做好准备。在爆破音 /t/、/d/ 强烈的气流冲击下, 声音会从舌的一侧或两侧泄出, 这种发音方式就叫作舌侧爆破。

例如: little /ˈlɪtɫ/　　battle /ˈbætɫ/　　settle /ˈsetɫ/　　bottle /ˈbɒtɫ/

　　　 middle /ˈmɪdɫ/　　muddle /ˈmʌdɫ/　　needle /ˈniːdɫ/　　model /ˈmɒdɫ/

练习　Practice

1.　adapt　　　　attempt　　　　concept　　　　captain
　　chapter　　　empty　　　　　barbed　　　　ribbed
　　disturbed　　rubdown　　　　subdivide　　　act
　　attract　　　collect　　　　　active　　　　desktop
　　director　　　druged　　　　　fatigued　　　unplugged
　　big game　　stop putting　　make copies　　grab both
　　waste time　put down　　　　take care　　　not bad
　　bad times　　stop talking　　a great deal　　quite different

2.　maps　　　　grapevine　　　　depth　　　　reception
　　approach　　peephole　　　　robs　　　　absorb
　　observe　　gabfest　　　　　obvious　　　fabric
　　webhead　　outset　　　　　catfish　　　eighth
　　nuthouse　　headfirst　　　　advance　　　width
　　hardship　　bedrock　　　　　childhood　　kicks
　　succeed　　breakfast　　　　walkthrough　action
　　backrest　　cookhouse　　　　bugs　　　　zigzag
　　dogfish　　　flagship　　　　　egghead
　　friendship first　step forward　　a bright future　a kind voice
　　just think　　a thousand thanks　get there　　ask them
　　red stars　　short stories　　folk songs　　a big zoo
　　don't shout　first shift　　　　smart skirt　　a public show

3. | capture | object | woodchuck | lecture |
    | blackjack | logjam | actual | subject |
    | white chalk | great changes | a bit dry | a cold drink |
    | a fast train | a sweet dream | a black jacket | |

4. | bitten | carton | cotton | lighten |
    | burden | sudden | golden | wooden |
    | fitness | catnap | coldness | kidney |
    | bitmap | postman | landmark | madman |
    | good morning | a hot meal | a fat man | told me |
    | don't know | good news | not now | good nose |
    | a loud noise | a different means | a big man | red nails |

5. | battle | cattle | title | kettle |
    | fatal | gentle | vital | postal |
    | paddle | candle | idle | medal |
    | scandal | bundle | puddle | riddle |
    | at least | at lunch | bright lights | a big lake |
    | a good life | a red lantern | a gold leaf | the third lesson |

第 11 单元
UNIT 11

连读和省音

Linking and Elision

　　在书面语中，我们可以通过单词之间的间隔来识别不同的单词，知道每个单词在哪里结束，也能看到下一个单词从哪里开始。但在口语中，言语是以语流的方式出现的。语流中的语音在一定的时空中连续出现，是连贯的，单词很少被当作单独的词项说出来。通常情况下，单词串联在一起连成语块，单词的界限基本上消失了。语块可以很短，由几个单词构成，也可以很长，由句子构成。

　　发音是一个动态过程，所有的单词以语块为基础串联。也就是说，言语是一个不断移动的过程。在这个过程中，语块中一个单词与下一个单词会连在一起发音。前一个单词的尾音与后一个单词的首音有时连在一起，直到语块结束才会有停顿。

　　语块的发音有两个特点：

◆　语块中所有的音都平滑地连成一个声音链；

◆　语块中从第一个音到最后一个音之间没有停顿。

　　在口语中，我们不仅需要注意单词的发音，还要根据语境来改变发音，以提高言语的可识别度。

1.　连读 Linking

　　在快速连贯的语流中，如果同一个语块中前一个单词的尾音与后面单词的首音都是辅音，它们有时会被同化，有时会失爆或不完全爆破。如果语块中前一个单词的尾音是辅音，后一个单词的首音是元音，或者前一单词的尾音和后一个单词的首音都是元音时，这两个音可以连成一个音节发音，这就是连读。

根据语块的特点，失爆和不完全爆破都属于连读的范畴。连读可以分成三种情况："辅音 + 元音"连读、"r + 元音"连读、"元音 + 元音"连读。

1）"辅音 + 元音"连读

这种连读一般发生在快速连贯的语流中，气流平滑而连续，发音自然流利。

例如：look up /lʊk ʌp/　　　　　　as if /æz ɪf/

find out /faɪnd aʊt/　　　　　depend on /dɪ'pend ɒn/

当然，如果为了连读而连读，刻意将上一个单词的尾音与后一个单词的首音拼成一个音节，就会断音。例如，若把 Not at all /nɒt ət ɔ:l/ 读成 */nɒ tə tɔ:l/，就会让人费解。

在"辅音 + 元音"连读中还有一种特殊情况，就是"/n/+ 元音"连读。

例如：even if /'ɪvən ɪf/　　　　　when I /wen aɪ/

one of /wʌn əv/　　　　　in an instant /ɪn ən 'ɪnstənt/

/n/ 在元音前和元音后的发音是有区别的：在元音前时，舌要从上齿龈弹开，而在元音后时，舌一直紧贴上齿龈。/n/ 有时会同时出现在两个位置：连读前在元音后，而连读时在元音前。连读时，这两种发音方式会依次出现，如 even if 应该是 /'ɪvən ɪf/，但实际上，我们会读成 /'ɪvən nɪf/。

2）"r + 元音"连读

当相邻单词的前一个词以字母 r 结尾，后一个词以元音开头时，字母 r 要与后面的元音连读，简称"r 连读"。这类连读的特点是：两词之间会非常清晰地插入 /r/ 的音。

例如：there is /ðeər ɪz/　　　　　for example /fər ɪg'zɑ:mpəl/

far away /fɑ:r ə'weɪ/　　　　remember it /rɪ'membər ɪt/

3）"元音 + 元音"连读

当相邻单词的前词词尾和后词词首都是元音时，发音时由一个音自然地滑向另一个音，一气呵成，中间不停顿。

例如：my only son /maɪ 'əʊnlɪ sʌn/　　the early bird /ðɪ 'ɜ:lɪ bɜ:d/

"元音 + 元音"连读还可分为两类：尾音为展唇元音；尾音为圆唇元音。

（1）展唇元音 + 元音。如果前词尾音是 /ɪ/、/eɪ/ 等展唇元音时，发音从前词尾音滑向后词首音时，由于口形的自然变化，这两个元音之间好像多了一

个隐形的半元音 /j/。

例如：try it /traɪ‿(j)ɪt/　　　　　　　she added /ʃiː‿ˈ(j)ædɪd/

（2）圆唇元音 + 元音。如果前词的尾音是 /ʊ/、/əʊ/ 等圆唇元音时，发音从前词尾音滑向后词首音时，由于口形的自然变化，这两个元音之间好像多了一个隐形的半元音 /w/。

例如：go out /gəʊ‿(w)aʊt/　　　　　　　do I /duː‿(w)aɪ/

注意：所有的连读都必须在同一个语块内，不属于同一语块或被标点符号隔开的单词不能连读。

例如：Yesterday when he was there, I forgot to speak to him.

（there 和 I 分属两个语块，有逗号隔开，不能连读。）

Shall we meet at the gate if it is OK?

（gate 和 if 之间虽然没有逗号，但它们不属于同一语块，不能连读。）

另外，有些单词虽然在同一个语块内，但出于特别强调的原因，也不需要刻意地连读。

例如：all of us /ɔːl‿əv‿əs/

如果我们要强调 us，以区别不是 you，那么就应读成：

all of **us** /ɔːl‿əv ˈʌs/。

2.　省音 Elision

在快速自然的语流中，省略某个音的发音叫省音。省音的发音方法不用刻意地学习，因为在实际语境中，我们会自然地省去不需要的音。

1）/p/、/t/、/k/ 后的弱元音省略

在 potato、tomato、canary、perhaps、today 这些单词里，第一个音节里的元音是弱读，可以省略，发音为 /pˈteɪtəʊ/、/tˈmeɪtəʊ/、/kˈneərɪ/、/pˈhæps/、/tˈdeɪ/。还有如 factory /ˈfæktərɪ/ → /ˈfæktrɪ/、university /ˌjuːnɪˈvɜːsɪtɪ/ → /ˌjuːnɪˈvɜːstɪ/ 等单词。

2）弱元音 /ə/ + /n/、/ɫ/ 省略 /ə/，保留 /n/ 和 /ɫ/

例如：label /ˈleɪbəɫ/ → /ˈleɪbɫ/　　　　　　　cotton /ˈkɒtən/ → /ˈkɒtn/

3）为避免复杂的辅音连缀，可省略辅音

例如：George the Sixth's throne /dʒɔːdʒ ðə sɪksθs θrəʊn/

英语母语者不会把上例词组中的最后两个单词读得那么复杂，他们会说成
/sɪks θrəʊn/。在三个爆破音或两个爆破辅音加摩擦音形成辅音连缀时，中间的
爆破音可以省略，如 acts /æks/、scripts /skrɪps/。

4）of 中 f 的发音 /v/ 在辅音前省略

例如：lots of them /lɒts ə ðəm/   waste of money /weɪst ə ˈmʌnɪ/

练习 Practice

1. | | | | |
|---|---|---|---|
| come in | work out | good idea | think of it |
| read it again | speak English | first of all | look at it |
| pick it up | put it on | take it along | leave it alone |
| an egg | an end | in an hour | in August |
| in an instant | let him in | best of all | take it out |
| an hour and a half | a cup of tea | a bottle of ink | a bowl of rice |
| a box of chocolate | keep on | above all | look at each other |

2. | | | | |
|---|---|---|---|
| there are | more over | our own | for ever |
| after all | for an hour | more or less | here and there |

3. | | | | |
|---|---|---|---|
| I am | you are | she is | go out |
| any other | too often | go on | throw away |
| no end | how old | we agree | how often |

4. | | | | |
|---|---|---|---|
| percent | permit | persist | tomorrow |
| tonight | towards | career | collect |

PART FOUR

ENGLISH PRONUNCIATION
IN CONTEXTS

第四部分 语境中的
英语语音

第 12 单元
UNIT 12

重读、强读和弱读

Stressed Syllables,
Strong Froms and Weak Forms

　　省力原则或经济原则在语音中体现为：不用每个音都重读，只重读一部分音节，而重读音节又可分为重读和次重读。一个单词只有一个重读音节，两个或两个以上音节的单词都有重读音节。一般情况下，在多于四个音节的单词中，倒数第三个音节是重读音节；在多于五个音节的单词中，倒数第五个音节是次重读音节，其他的音节弱读，如 responsibility /rɪˌspɒnsəˈbɪlətɪ/。弱读音节既能出现在单词和词组中，也能出现在句子中。我们在前面学习的省音以及后面的语调都与强读、弱读有关。

1.　单词的重读音节 Stressed Syllables in Words

　　单词重音是一个很重要的发音因素。如果我们说话没有重音，或弄错了重音位置，对方很难识别出单词。音节的重读方式包括：

- ◆　将重读音节读得长一些；
- ◆　将重读音节读得响亮有力；
- ◆　将重读音节以不同的音高读出来。

英语单词没有固定的重读规则，但我们还是能找到一些规律。

1)　在多于三个音节的单词中，一般倒数第三个音节为重读音节。

例如：'camera　　'difficult　　a'bility　　ca'pacity　　ˌagri'cultural

2)　带后缀 -ly、-al、-able/-ible、-ous、-ive、-ent/-ant、-er、-ment 的单词与词根的重读音节相同。

例如：slow—'slowly　　　'region—'regional　　　read—'readable

ac'cess—ac'cessible　　'danger—'dangerous　　col'lect—col'lective

de'pend—de'pendent　　ac'count—ac'coutant　　law—'lawyer

'govern—'government

3) 以 -tion、-sion、-ic 为后缀的单词，重读音节在这些后缀的前一个音节；以 -ical 和 -ity 为后缀的单词，重读在倒数第三个音节。

例如：ˌregu'lation　dis'cussion　e'lectric　po'litical　sta'bility

4) 在以 -ee、-eer、-ese、-ette、-esque、-ique 为后缀，且有两个以上音节的单词中，后缀为重读音节。

例如：ˌemploy'ee　　　　engi'neer　　　　Chi'nese

ciga'rette　　　　ˌpictu'resque　　　u'nique

5) 在以 a-、be-、de-、re-、in-/im-/il-/ir-、en-/em-、ex-、dis-、with- 为前缀的单词中，词根为重读音节。

例如：a'sleep　　　be'little　　　de'frost　　　re'move

ir'regular　　im'mortal　　incom'plete　　en'title

em'power　　ex'claim　　dis'close　　with'draw

6) 有些单词包含 ia、o、ie 等元音字母组合，有时只发一个元音，重读在第二个音节。

例如：in'dustrial　of'ficial　mu'sician　ap'preciate　suf'ficient

7) 复合名词通常重读第一个音节。

例如：'greenhouse　'milkman　'bookstore　'housewife　'classroom

2. 强读与弱读 Strong Forms and Weak Forms

单词中所有的音都可以强读。但在句子中，传递重要信息的单词需要重读，其他单词可以弱读。重读送气强，弱读送气弱。例如：单词 us 在字典中有 /ʌs/ 和 /əs/ 两个音标，/əs/ 就是弱读。在口形和舌位不变的情况下，气流弱一些。当气流强的时候，元音发其本身的音；当气流弱的时候，虽然还是发其本身的音，但听起来像是 /ɪ/ 或 /ə/。例如：my father 的重读发音是 /'maɪ 'fɑːðə/，但如果只重读 father，就会发成 /mɪ 'fɑːðə/。这是因为在发音时，舌位和唇位没有发生任何变化，只是送气减弱了。再如，believe 这个单词在有些词典中被同时标成了 /brˈliːv/ 和 /bəˈliːv/。在这里，我们没有简单地用 /ə/ 来标注弱音，而是用了淡化效果。

例如：a /eɪ, eɪ, ə/　　　an /æn, æn, ən/　　　the /ðiː, ðiː, ðɪ, ðə/

3. **句子重读** Sentence Stress

语言的节奏基本上可以分为两种：音节节奏和重音节奏。在音节节奏型语言中，每个音节所占用的时长基本上是一样的，汉语就是音节节奏型语言。而在重音节奏型语言中，某个或某些重读音节所占用的时长要更长，而且更突出，英语就是重音节奏型语言。

英语词汇大体分为两类：一类为实词；另一类为虚词或功能词。实词包括名词、动词、形容词、副词、数词、指示代词及名词性物主代词等；虚词或功能词包括冠词、介词、人称代词、物主代词、连词、助动词及动词不定式等。一般来讲，实词在句子中要重读，而虚词不重读。

但实际上，哪个单词在句子中要重读是不固定的，要看传达信息的焦点（information focus）是什么。一般来说，除了动词不定式标记 to 不用重读，其他任何单词在句子中都可以重读，且句子的意义会根据重读的位置发生变化。

例如：On Sunday morning, he turns eighteen.

这个句子中的所有单词都可以重读。

(1) ˈOn Sunday morning, he turns eighteen.

(2) On ˈSunday morning, he turns eighteen.

(3) On Sunday ˈmorning, he turns eighteen.

(4) On Sunday morning, ˈhe turns eighteen.

(5) On Sunday morning, he ˈturns eighteen.

(6) On Sunday morning, he turns ˈeighteen.

在（1）中，重读 on 传递的信息是：在这个时间之前，他还没到 18 岁；在（2）中，重读 Sunday 旨在强调是星期天，而不是星期六或其他日子；在（3）中，重读 morning 强调是早上，而不是下午或晚上；在（4）中，重读 he 强调的是他，

而不是其他人；在（5）中，重读 turns 要强调他现在还没有到 18 岁；在（6）中，重读 eighteen 要强调他是 18 岁，而不是 20 岁。

练习 Practice

1. 'absent (*adj.*)—ab'sent (*v.*)　　　'abstract (*n.*)—ab'stract (*v.*)

'accent (*n.*)—ac'cent (*v.*)　　　'affix (*n.*)—af'fix (*v.*)

'attribute (*n.*)—at'tribute (*v.*)　　'August (*n.*)—au'gust (*adj.*)

'compress (*n.*)—com'press (*v.*)　　'conduct (*n.*)—con'duct (*v.*)

'content (*n.*)—con'tent (*v.*)　　　'contract (*n.*)—con'tract (*v.*)

'contrast (*n.*)—con'trast (*v.*)　　'desert (*n.*)—de'sert (*v.*)

'export (*n.*)—ex'port (*v.*)　　　'import (*n.*)—im'port (*v.*)

'increase (*n.*)—in'crease (*v.*)　　'insult (*n.*)—in'sult (*v.*)

'minute (*n.*)—mi'nute (*adj.*)　　'object (*n.*)—ob'ject (*v.*)

'overthrow (*n.*)—over'throw (*v.*)　'perfect (*adj.*)—per'fect (*v.*)

'permit (*n.*)—per'mit (*v.*)　　　'present (*n.*)—pre'sent (*v.*)

'produce (*n.*)—pro'duce (*v.*)　　'project (*n.*)—pro'ject (*v.*)

'rebel (*n.*)—re'bel (*v.*)　　　'record (*n.*)—re'cord (*v.*)

'retail (*n.*)—re'tail (*v.*)　　　'subject (*n.*)—sub'ject (*v.*)

'torment (*n.*)—tor'ment (*v.*)

2.

'civil	ci'vility	'civilize	ˌcivili'zation
'equal	e'quality	'equalize	ˌequali'zation
'fertile	fer'tility	'fertilize	ˌfertili'zation
'final	fi'nality	'finalize	ˌfinali'zation
'general	gene'rality	'generalize	ˌgenerali'zation
'hospital	hospi'tality	'hospitalize	ˌhospitali'zation
'legal	le'gality	'legalize	ˌlegali'zation

'mobile	mo'bility	'mobilize	ˌmobili'zation
'national	natio'nality	'nationalize	ˌnationali'zation
'neutral	neu'trality	'neutralize	ˌneutrali'zation
'personal	perso'nality	'personalize	ˌpersonali'zation
'real	re'ality	'realize	ˌreali'zation
'stable	sta'bility	'stabilize	ˌstabili'zation

3.　you /juː, juː, jʊ /　　　　he /hiː, hiː, hɪ, ɪ/　　　　she /ʃiː, ʃiː, ʃɪ/

　　we /wiː, wiː, wɪ/　　　　they /ðeɪ, ðeɪ, ðɪ/　　　　me /miː, miː, mɪ/

　　him /hɪm, hɪm, ɪm/　　　her /hɜː, hɜː, hə, ə/　　　us /ʌs, ʌs, əs/

　　them /ðem, ðem, ðəm/　　my /maɪ, maɪ, mɪ/　　　　your /jɔː, jɔː, jɒ, jə/

　　his /hɪz, hɪz, ɪz/　　　　some /sʌm, sʌm, səm/　　that /ðæt, ðæt, ðət, ðə/

　　at /æt, æt, ət/　　　　　for /fɔː, fɔː, fɒ, fə/　　　from /frɒm, frɒm, frəm/

　　of /ɒv, ɒv, əv, ə/　　　　to /tuː, tuː, tʊ, tə/　　　as /æz, æz, əz/

　　and /ænd, ænd, ənd, ən, n/　but /bʌt, bʌt, bət/　　　than /ðæn, ðæn, ðən/

　　am /æm, æm, əm/　　　　are /ɑː, ɑː, ɑ, ə/　　　　was /wɒz, wɒz, wəz/

　　were /wɜː, wɜː, wə/　　　do /duː, duː, dʊ, də/　　does /dʌz, dʌz, dəz/

　　have /hæv, hæv, həv, əv/　has /hæz, hæz, həz, əz/　had /hæd, hæd, həd, əd/

　　can /kæn, kæn, kən/　　　could /kʊd, kʊd, kəd/　　shall /ʃæl, ʃæl, ʃəl/

　　should /ʃʊd, ʃʊd, ʃəd/　　must /mʌst, mʌst, məst/　may /meɪ, meɪ, mɪ/

　　there /ðeə, ðeə, ðə/　　　with /wɪð, wɪð, wəð/

4. (1) 'Where are you from?

　　　Where 'are you from?

　　　Where are 'you from?

　　　Where are you 'from?

　(2) 'How do the lights work?

　　　How do 'the lights work?

How do the 'lights work?

How do the lights 'work?

(3) 'There are some new books I must read.

There 'are some new books I must read.

There are 'some new books I must read.

There are some 'new books I must read.

There are some new 'books I must read.

There are some new books 'I must read.

There are some new books I 'must read.

There are some new books I must 'read.

(4) 'She had bread for breakfast on Sunday.

She 'had bread for breakfast on Sunday.

She had 'bread for breakfast on Sunday.

She had bread 'for breakfast on Sunday.

She had bread for 'breakfast on Sunday.

She had bread for breakfast 'on Sunday.

She had bread for breakfast on 'Sunday.

第 13 单元
UNIT 13

语调

Intonation

　　我们在说话时，声音会时长时短，时高时低。这种声音的高低起伏与句子的重读、强读、弱读及长度的变化结合在一起便构成语调，语调能表达思想和感情。我们是否能自然地说出英语，语调是一个很重要的因素。说话时，语调一定要恰当，切忌矫揉造作。语调主要有三种功能：表达态度，构建与传递信息，以及聚焦信息中的特殊含义。

　　语调可以分为降调和升调，还可细分为降升调、升降调和平调等。降调可以表示肯定和意义终结等含义；升调可以表示一般性的提问、列举、鼓励、意犹未尽等含义。划分不同语块并使用语调可以消除歧义，这就是语调的语法功能；重读句子中的任何一个词来说明是此非彼，这就是语调的强调功能。要想在说话时利用好语调，学习者要不断地练习，在实践中学习。

一　英语语调的种类
Types of English Intonation

1.　降调

　　降调可细化为高降调、低降调等。使用降调时，起始音位于中音到高音之间，结束音是低音，有时会从中到高再从高到低。降调一般发生在重读音节上。

例如： ＼now ＼when ＼three ①
＼care ＼great ＼splash

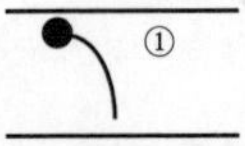

如果降调中的重读音节后面还有其他的音节，这些非重读音节的音高都会低一些。

例如：(1) ＼beauty ＼edit ＼many
＼Friday ＼printed ＼sprayer

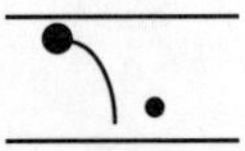

(2) ＼wonderful
＼marvellous

(3) a＼bove be＼lief ad＼mit
en＼gaged per＼cent my＼self

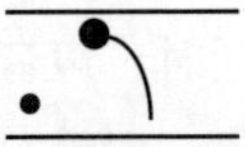

(4) a＼chievement
com＼pletely

(5) It was ＼great!

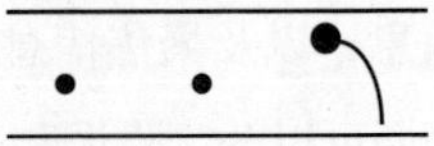

2. 升调

升调的起始点位于低音到中音之间，结束点位于中音与高音之间。多音节单词的最后一个音节不论是否是重读音节，音高都是最高的。

例如：(1) ／no ／what ／thirst
／keep ／spell ／break

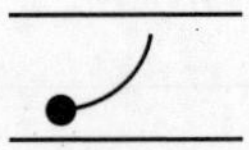

(2) ／sorry ／accent ／any
／Tuesday ／mother ／speaker

(3) ／absolute
／marvellous

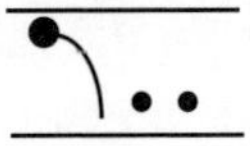

(4) a／chieve be／side col／lect
re／read i／dea him／self

---

① 语调图示：每一个圆点表示一个音节。大圆点表示重读音节，小圆点表示非重读音节。向下的线表示降调，向上的线表示升调。

(5) at͗tention

　　com͗partment

(6) Some of ͗them?

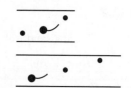

3.　降升调

　　降升调的起始点位于中音到高音之间，中点是低音，结束点一般是中音。如果只有一个重读音节或者重读在最后一个音节上，那么整个降升调都在这个音节上。在多音节的降升调中，降升调覆盖整个音节群。

　　例如：(1)　ᵛmine①　　　ᵛwhich　　　ᵛhope
　　　　　　　ᵛsays　　　　ᵛsoon　　　　ᵛmost

　　　　　(2)　ᵛpartly　　　ᵛSunday
　　　　　　　ᵛmany　　　　ᵛchildren

　　　　　(3)　ᵛhappily
　　　　　　　ᵛfortunate

　　　　　(4)　toᵛday　　　aᵛgain
　　　　　　　herᵛself　　　reᵛlax

　　　　　(5)　reᵛportedly
　　　　　　　reᵛgrettably

二　英语语调的应用

Applications of English Intonation

1.　降调的应用

　　1）命令

　　　　'Stop that ＼noise!

　　　　'Don't ＼mention it.

---

① ∨: 此图标在本书表示降升调。

2）感叹

  'What a sur↘prise!

  'How ↘awful!

3）事实陈述

  I 'think he is ↘right.

  We are in the 'same ↘class.

4）特殊疑问句

  'What's your ↘name?

  'When did he ar↘rive?

5）一般疑问句的简短回答

  — Are you going to Beijing?   — Yes, I ↘am.

  — Haven't you done your homework? — No, I ↘haven't.

6）期望肯定回答的反义疑问句

  It's a 'beautiful ↘night, ↘isn't it?

  'Two and two makes ↘four, ↘doesn't it?

2. 升调的应用

1）一般疑问句

  'Do you speak ↗Chinese?

  'Has she finished her ↗homework?

2）带有新信息或者讲话者不能确认信息的反义疑问句

  You have 'been there be↘fore, ↗haven't you?

  You are a 'college ↘student, ↗aren't you?

3）带有抚慰或友好含义的命令句

  'Don't ↗worry.

  'Sit ↗down.

4）列举时，被列举的人或事物用升调，最后用降调

  Let's 'count: ↗one, ↗two, ↗three, ↗four and ↘five.

  'Which of the activities ↗interests you— ↗walking, ↗cycling or ↘swimming?

5）选择疑问句的第一个选择用升调，第二个选择用降调

Do you 'go to school by ↗bus or by ↘bike?

'Is he ↗tall or ↘short?

6）句首状语有时用升调，表示话还没有说完

Every ↗morning at this ↗time, his 'office receives many ↘letters.

If you 'don't have such ↗books, I will 'lend you ↘some.

7）问候

Good ↗morning!

↗Hello!

8）警告

'Mind the ↗gap!

'Don't ↗drop it!

3. 降升调的应用

1）话语没有结束

— What did you do next?

— Well I 'opened the ⌄door, and… (he 'came ↘in).

2）对比

I 'know her ⌄face, but I 'can't remember her ↘name.

I en'joy ⌄dancing, but I 'don't like the ↘music.

3）试探性的回答或评论

— Is 'this the way to ⌄Shenyang?

— I ⌄think so (but I'm not ↘sure).

4）礼貌性地修正讲话者的话语或观点

— He's 'coming on ↗Friday.　—On ⌄Saturday.

— I'll 'come with ↗you?　　—'No, you ⌄won't.

5）整个陈述中的一部分

— So you 'both live in ↗Beijing?

— ⌄I do.

6）否定陈述

John 'isn't very ✌pleased.

I 'don't think that's ✌true.

7）警告

'Stand ✌back!

✌Quick!

三 英语语调的功能

Functions of English Intonation

1. 语调的强调功能

1）强调新信息

— I 'saw a ↗film last night.

— A ro'mantic ↗film?

— 'No. 'It was a ↗war film.

2）强调并非其他人、事物或情况

↘John's shirt is blue.（*It's John's, not the others'.*）

John's ↘shirt is blue.（*It's John's shirt, not his sweater.*）

John's shirt ↘is blue.（*Indeed it's true.*）

John's shirt is ↘blue.（*It's blue, not other colours.*）

3）强调对比

Do 'you live on the ↗third or the ↘fourth floor of the apartment ↗building?

'I have plans to ↘leave. (*I am planning to leave.*)

'I have ↘plans to leave. (*I have some plans that I have to leave.*)

2. 语调的语法功能

Those who sold ✌quickly |① made a ↘profit. (*A profit was*

---

① |：此图标在本书中用来分隔语块。

made by those who sold quickly.)

　　Those who ∨sold | quickly made a ↘profit. (*A profit was quickly made by those who sold.*)

练习　**Practice**

1.

↘run	↗run	∨run	↘jump	↗jump	∨jump
↘spring	↗spring	∨spring	↘right	↗right	∨right
↘ready	↗ready	∨ready	↘finger	↗finger	∨finger
↘season	↗season	∨season	↘promise	↗promise	∨promise
be↘lieve	be↗lieve	be∨lieve	e↘lect	e↗lect	e∨lect
hel↘lo	hel↗lo	hel∨lo	pro↘pose	pro↗pose	pro∨pose
↘difficult	↗difficult	∨difficult	↘usually	↗usually	∨usually
↘beautiful	↗beautiful	∨beautiful	↘splendidly	↗splendidly	∨splendidly
im↘possible	im↗possible	im∨possible			
ad↘venture	ad↗venture	ad∨venture			
pro↘jector	pro↗jector	pro∨jector			
Sep↘tember	Sep↗tember	Sep∨tember			
↘businessman	↗businessman	∨businessman			
↘knowledgeable	↗knowledgeable	∨knowledgable			
↘naturally	↗naturally	∨naturally			
↘mechanism	↗mechanism	∨mechanism			

2. (1) I've got a 'pain in my ↘shoulder.

　　　That's a ↘great idea.

　　　They're 'only staying for ten ∨minutes.

　　　I 'wouldn't like to sound ∨rude.

　　　That's 'very ↗kind of you.

　　(2) 'What a sur↘prise!

　　　What a 'funny way to ↘do it!

How 'very disap↘pointing!

'Tell me the ↘truth!

'Do be ↘careful!

'Watch ↘out!

'Don't ↗worry!

(3) 'When did you ar↗rive?

'What ↘books have you read recently?

'Why are you ↗angry?

'How many people are there in your ↘party, madam?

'Where are you going to ↘put it?

(4) 'Will you be at the ↗meeting?

'Has he a↗greed to it?

I'll 'ask you once ↘more: 'Did you take the ↘money?

It's ↘raining, ↗isn't it?

It's 'not ↘right, ↗is it?

'What a ↘pity, ↘wasn't it?

'Come over ↘here a minute, ↗will you?

'Open the ↘door, ↘will you?

—I'm 'thinking of taking a ↘break.   — ↗Are you?

—I 'choose ↘John.   — ↗Who?

—You'll 'have to do it a↗gain.   — a↗gain?

'Are you going to buy a ↗new book or use the ↘old one?

(5) 'After ↘lunch we could call on ↘Ted.

If 'you are ↘ready, we could be↘gin.

↘Personally, I 'thought it was ↘terrible.

You will find a ↘book on the ↗desk.

'I would re↘ject it if I were ↗you.

PART FIVE

ENGLISH PRONUNCIATION
AND INTONATION IN PASSAGES
AND CONVERSATIONS

第五部分

英语段落与对话
中的语音和语调

第 14 单元
UNIT 14

段落中的语音和语调

English Pronunciation and Intonation in Passages

我们在前面已经学习了重音、强读和弱读、连读、失爆和不完全爆破、重音以及语调。单词的重音是固定的，句子会根据节奏和信息焦点改变重音，而段落中的语音、语调就更加复杂，学习者可以在段落中对所有的语音知识进行应用、练习和检验。

在进行段落练习之前，首先要了解语块的概念。我们在日常说话时，会在不同的地方停顿。由于人的记忆有限，为了更好地理解话语，可以把长句分解成一些小的单位，这些小的单位就是语块。语块在语法和意义上都是独立且完整的单位，语块之间可以有很小的停顿。

语块有大有小，可以由一个冠词加一个名词组成，也可以只是一个从句或短句。

1) 冠词 / 代词 / 形容词 / 名词 / 分词 / 数词 / 介词 + 名词

   a student   Mr. Smith   this desk   some ink   a smart boy

   human resource   the working class   eighteen books   by bus

2) 代词 + 代词

   that one

3) 副词 + 形容词 / 副词 / 介词

   pretty good   very quickly   early in the morning

4) 副词 / 动词 + 动词 / 副词

   quite understand   work hard

5) 动宾结构

   have a rest   pay the price

6) 不定式结构

   I would like | to go boating | this afternoon.

7) 动名词结构

   I don't mind | opening the window.

8) 分词结构

   I saw many students | playing football.

9) 系动词结构

   be well   turn red

10) 主谓结构短句

   She sat down.

11) 主谓宾结构短句

   I speak Chinese.

12) 主语从句短句

   That he made it | surprised us all.

13) 状语从句短句

   I will wait you | till you come back.

14) 定语从句短句

   I have been to a plant | that makes cloth.

在段落中练习语音、语调时，一定要以语块为单位，否则就不能表达一个完整的意义，让人费解。

例如：Be'fore 1949, I | 'used to live in | Hong Kong and | 'worked as | a teacher.

例句中的停顿没有以语块为单位，所以我们很难理解这句话的意义。

如果读成：Be'fore 1949, | I 'used to live in Hong Kong | and 'worked as a teacher.

这就很容易理解了。

　　语块的大小与语速有很大关系。语速快时语块可以大一些，语速慢时语块就小一些。

　　在段落中练习语音语调要循序渐进。首先，读准单词；然后，划分语块群；之后，找出语块内的连读和不完全爆破，再找出弱读单词，根据语境来确定语调。把语块作为练习基础，先熟读一个语块，然后再读下一个。读完句子中的所有语块后，再熟读整个句子，直至整个段落。练习的最后目标是：非常流畅、自然地朗读整个段落。

　　练习顺序如下：

　　(1) 划分语块；

　　(2) 找出连读与不完全爆破的音节；

　　(3) 找出弱读的单词；

　　(4) 确定语调；

　　(5) 熟练、自然地朗读语块；

　　(6) 熟练、自然地朗读句子；

　　(7) 熟练、自然地朗读段落。

1 How Old Is She?

A woman was having some trouble with her heart, so she went to see the doctor. He was a new doctor, and did not know her, so he first asked some questions, and one of them was, "How old are you?"

"Well," she answered, "I don't remember, doctor, but I will try to think." She thought for a minute and then said, "Yes, I remember now, doctor! When I married, I was eighteen years old, and my husband was thirty. Now my husband is sixty, I know. And that is twice thirty. So I am twice eighteen. That is thirty-six, isn't it?"

分解练习 Decomposition Exercises

(1)   a woman | a woman was

(2)   some trouble | have some trouble | having some trouble

(3)   her heart | with her heart

(4)   see the doctor | went to see the doctor | she went to see the doctor

(5)   a new doctor | he was a new doctor

(6)   know her | did not know her | and did not know her

(7)   some questions | asked some questions

(8)   one of | one of them

(9)   how old are you

(10) I don't remember

(11) try to think | I will try to think

(12) a minute | for a minute | she thought | she thought for a minute

(13) I remember now

(14) I married | when I married

(15) years old | eighteen years old | I was eighteen years old

(16) my husband | my husband was thirty | my husband was sixty

(17) twice thirty | that is | that is twice thirty

(18) I know

(19) twice eighteen | I am twice eighteen

(20) thirty-six | that is thirty-six

(21) isn't it

2　Accident

The river, you see, was never really safe at that time of the year—early autumn, I mean, when there is heavy rainfall. So when I heard the children had gone swimming, as they used to all spring and summer, I knew there might be an awful accident. And when they came home late without little Katie, I guessed what had happened.

分解练习　Decomposition Exercises

(1)   you see | the river, you see

(2)   really safe | never really safe | was never really safe

(3)   that time | at that time

(4)   the year | of the year | at that time of the year

(5)   early autumn

(6)   I mean | early autumn, I mean

(7)   there is | heavy rain fall | there is heavy rain fall | when there is heavy rain fall

(8)   I heard | when I heard

(9)   the children | go swimming | had gone swimming | the children had gone swim-ming

(10) they used to | as they used to

(11) spring and summer | all spring and summer

(12) an accident | an awful accident

(13) might be | there might be | there might be an awful accident

(14) came home | came home late | they came home late | when they came home late

(15) little Katie | without little Katie | came home late without little Katie

(16) had happened | what had happened | I guess what had happened

3 But the Chinese Did!

One day, Tom said to one of his friends, "I'm going to have a holiday in Beijing. But I don't speak Chinese, so I'll go to evening classes and have Chinese lessons for a month before I go."

He studied very hard for a month, and then his holiday began and he went to China.

When he came back a few weeks later, his friend said to him, "Did you have any trouble with your Chinese when you were in Beijing, Tom?"

"No, I didn't have any trouble with it," answered Tom. "But the Chinese did!"

分解练习 Decomposition Exercises

(1) his friends | one of his friends | Tom said to one of his friends

(2) have a holiday | in Beijing | have a holiday in Beijing | I'm going to have a holiday in Beijing

(3) speak Chinese | but I don't speak Chinese

(4) evening classes | go to evening classes | I'll go to evening classes

(5) have Chinese lessons | for a month | have Chinese lessons for a month

(6) I go | before I go

(7) very hard | study very hard | he studied very hard | he studied very hard for a month

(8) his holiday | his holiday began | then his holiday began | and then his holiday began

(9) went to China | he went to China | and he went to China

(10)　came back | he came back | when he came back

(11)　a few weeks | a few weeks later | when he came back a few weeks later

(12)　said to him | his friend said to him

(13)　any trouble | have any trouble

(14)　your Chinese | with your Chinese | any trouble with your Chinese | did you
have any trouble with your Chinese

(15)　I didn't have any trouble with it.

(16)　answered Tom

(17)　the Chinese did | but the Chinese did

4　Self-Service

　　If you are in a hurry and you want to have a quick meal, there is no better place
than a self-service restaurant. You go into the restaurant, pick up a tray, knife, fork,
and spoon and queue at a counter where the food is on display. You pick out what
you want and put it on your tray, which you have to push along a special rack till you
reach the cashier. The cashier will give you your bill. After paying, you take your
tray to any table you like. You can sit alone or with another customer. You can have
a good meal in ten minutes. And—as there is no waiter, you don't have to give a tip.

分解练习　Decomposition Exercises

(1)　in a hurry | you are in a hurry | if you are in a hurry

(2)　a quick meal | have a quick meal | want to have a quick meal | and you want to
have a quick meal

(3)　a self-service restaurant | no better place | no better place than a self-service
restaurant

(4)　go into the restaurant | you go into the restaurant

(5)　pick up | pick up a tray, knife, fork and spoon

(6)　at a counter | queue at a counter

(7)　on display | the food is on display | where the food is on display

(8)　pick out | what you want | pick out what you want

(9)　put it | on your tray | put it on your tray

(10)　have to | push along | a special rack | have to push along a special rack

(11)　reach the cashier | you reach the cashier | till you reach the cashier

(12)　give you | your bill | give you your bill | the cashier will give you your bill

(13)　take your tray | to any table | you like | take your tray to any table you like

(14)　sit alone | you can sit alone

(15)　another customer | with another customer

(16)　a good meal | in ten minutes | have a good meal in ten minutes

(17)　no waiter | there is no waiter | as there is no waiter

(18)　give a tip | have to give a tip | you don't have to give a tip

5　There Is Something Very Nice Inside Your Drum.

It was Jimmy's birthday, and he was five years old. He got quite a lot of nice birthday presents from his family, and one of them was a beautiful big drum.

"Who gave him that thing?" Jimmy's father said when he saw it.

"His grandfather did," answered Jimmy's mother.

"Oh," said his father.

Of course, Jimmy liked his drum very much. He made a terrible noise with it, but his mother did not mind. His father was working during the day, and Jimmy was in bed when he got home in the evening, so he did not hear the noise.

But one of the neighbors did not like the noise at all, so one morning a few days later, she took a sharp knife and went to Jimmy's house while he was hitting his drum. She said to him, "Hello Jimmy. Do you know there's something very nice inside your drum? Here's a knife. Open the drum and let's find it."

分解练习　**Decomposition Exercises**

(1)　Jimmy's birthday | it was Jimmy's birthday

(2)　years old | five years old | he was five years old | and he was five years old

(3)　birthday presents | from his family | birthday presents from his family | nice birthday presents from his family | a lot of nice birthday presents from his family

(4)　a big drum | a beautiful big drum | and one of them was a beautiful big drum

(5)　gave him | that thing | gave him that thing | who gave him that thing

(6)　Jimmy's father | Jimmy's father said

(7)　he saw it | when he saw it | Jimmy's father said when he saw it

(8)　his grandfather | his grandfather did

(9)　Jimmy's mother | answered Jimmy's mother

(10)　said his father

(11)　of course

(12)　his drum | very much | Jimmy liked his drum very much

(13)　a terrible noise | made a terrible noise | with it | he made a terrible noise with it

(14)　did not mind | his mother did not mind | but his mother did not mind

(15)　his father was working | during the day | his father was working during the day

(16)　in bed | Jimmy was in bed | and Jimmy was in bed

(17)　got home | he got home | in the evening | when he got home in the evening

(18)　hear the noise | he did not hear the noise

(19)　one of the neighbors | did not like the noise | at all | one of the neighbors did not like the noise at all

(20)　one morning | a few days | a few days later | one morning a few days later

(21)　a sharp knife | she took a sharp knife

(22)　Jimmy's house |went to Jimmy's house

(23)　hit his drum | hitting his drum | he was hitting his drum | while he was hitting his drum

(24) said to him | she said to him

(25) do you know | something very nice | inside your drum | there's something very nice inside your drum | Do you know there's something very nice inside your drum?

(26) here's a knife

(27) open the drum | let's find it | open the drum and let's find it

6 How Did You Lose Your Way?

Mrs. Brown's old grandfather lived with her and her husband. Every morning he went for a walk in the park and came home at half past twelve for his lunch.

But one morning, a police car stopped outside Mrs. Brown's house at twelve o'clock, and two policemen helped Mr. Brown to get out. One of them said to Mrs. Brown, "The poor old gentleman lost his way in the park and telephoned to us for help, so we sent a car to bring him home." Mrs. Brown was very surprised, but she thanked the policemen and they left.

"But, Grandfather," she then said, "you have been to that park nearly every day for twenty years. How did you lose your way there?"

The old man smiled, closed one eye and said, "I didn't quite lose my way. I just got tired and I didn't want to walk home!"

分解练习 Decomposition Exercises

(1) old grandfather | Mrs. Brown's old grandfather

(2) her and her husband | lived with her and her husband

(3) every morning | went for a walk | in the park | every morning he went for a walk in the park

(4) came home | at half past twelve | for his lunch | and came home at half past twelve for his lunch

(5) a police car | outside Mrs. Brown's house | at twelve o'clock | a police car stopped outside Mrs. Brown's house at twelve o'clock

(6)   two policemen | helped Mr. Brown | get out | and two policemen helped Mr. Brown to get out

(7)   one of them | said to Mrs. Brown | one of them said to Mrs. Brown

(8)   the old gentleman | the poor old gentleman | lost his way | in the park |the poor old gentleman lost his way in the park

(9)   telephoned to us | for help | and telephoned to us for help

(10) sent a car | bring him home | so we sent a car to bring him home

(11) very surprised | Mrs. Brown was very surprised

(12) thanked the policeman | they left | but she thanked the police man and they left

(13) she then said

(14) that park | nearly every day | for twenty years | you have been to that park nearly every day for twenty years

(15) lose your way | How did you lose your way there?

(16) the old man smiled | closed one eye | the old man smiled, closed one eye

(17) lose my way | I didn't quite lose my way

(18) got tired | walk home | want to walk home | I just got tired and I didn't want to walk home

7 Small Pan

One morning a man was crossing a narrow bridge when he saw a fisherman on the shady bank of the deep, smooth river under him, so he stopped to watch him quietly.

After a few minutes, the fisherman pulled his line in. There was a big, fat fish at the end of it.

The fisherman took it off the hook and threw it back into the water. Then he put his hook and line in again. After a few more minutes he caught another big fish. Again he threw it back into the river. Then, the third time, he caught a small fish. He put it into his basket and started to get ready to go. The man on the bridge was very surprised, so he spoke to the fisherman. He said, "Why did you throw those beautiful, big fish back into the water and keep only that small one?"

The fisherman looked up and answered, "Small frying-pan."

分解练习 **Decomposition Exercises**

(1) a narrow bridge | cross a narrow bridge | a man was crossing a narrow bridge

(2) he saw a fisherman | when he saw a fisherman

(3) the shady bank | of the deep, smooth river | under him | the shady bank of the deep, smooth river under him

(4) watch him | watch him quietly | he stopped to watch him quietly

(5) a few minutes | after a few minutes

(6) his line | pull his line in | the fisherman pulled his line in

(7) a big fish | a big , fat fish | at the end | at the end of it | a big, fat fish at the end of it | there was a big, fat fish at the end of it

(8) took it off | took it off the hook | the fisherman took it off the hook

(9) threw it back | into the water | and threw it back into the water

(10) his hook and line | pulled his hook and line in

(11) a few more minutes | after a few more minutes

(12) another big fish | he caught another big fish

(13) the third time

(14) a small fish

(15) put it | into his basket | put it into his basket

(16) get ready | get ready to go | started to get ready to go

(17) on the bridge | the man on the bridge

(18) spoke to the fisherman | he spoke to the fisherman

(19) those big fish | those beautiful, big fish | throw those beautiful, big fish back

(20) the small one | only the small one | keep only the small one

(21) looked up | looked up and answered | the fisherman looked up and answered

(22) small frying-pan

8　A Beautiful Dress

One day Mrs. Jones went shopping. When her husband came home in the evening, she began to tell him about a beautiful cotton dress. "I saw it in a shop this morning," she said, "and…"

"And you want to buy it," said her husband. "How much does it cost?"

"Forty pounds."

"Forty pounds for a cotton dress? That is too much!"

But every evening, when Mr. Jones came back from work, his wife continued to speak only about the dress, and at last, after a week, he said, "Oh, buy the dress! Here is the money!" she was very happy.

But the next evening, when Mr. Jones came home and asked, "Have you got the famous dress?" she said, "No."

"Why not?" he said.

"Well, it was still in the window of the shop after a week, so I thought, nobody else wants this dress, so I don't want it either."

分解练习　Decomposition Exercises

(1) went shopping | Mrs. Jones went shopping

(2) came home | in the evening | her husband came home | when her husband came home in the evening

(3) tell him | a cotton dress | a beautiful cotton dress | she began to tell him about a beautiful cotton dress

(4) saw it | in a shop | this morning | I saw it in a shop this morning

(5) buy it | want to buy it | you want to buy it

(6) forty pounds | for a cotton dress | forty pounds for a cotton dress

(7) came back | came back from work | when Mr. Jones came back from work

(8) about the dress | only about the dress | speak only about the dress | his wife continued to speak only about the dress

(9) at last | after a week | buy the dress | here is the money

(10) the next evening | the famous dress | Why not?

(11) in the window | of the shop | after a week | in the window of the shop after a week

(12) nobody else | wants this dress | nobody else wants this dress

(13) want it | don't want it | don't want it either | I don't want it either

9 A Visit to Conway Castle

Dave's class at school were studying English history, and one day their teacher said to them, "Well, boys, on Friday we're all going to get on a bus and go to Conway. There's a beautiful castle there, and we're going to visit it." The boys were very happy when they heard this.

"Now, has anybody got any questions?" the teacher asked.

"How old is the castle, sir?" Dave asked.

"It's about seven hundred years old, Dave," the teacher answered.

"What's the name of the castle, sir?" another boy asked.

"Conway Castle," the teacher said.

On Friday the boys came to school at nine o'clock and got into the bus. They visited Conway Castle, and then they came back and went home.

"Well," Dave's mother said to him when he got home, "did you like the castle, Dave?"

"Not very much," Dave answered. "The stupid people built it too near the railway."

分解练习　**Decomposition Exercises**

(1)　Dave's class | at school | English history | Dave's class at school | study English history | Dave's class at school was studying English history

(2)　their teacher | said to them | their teacher said to them

(3)　on Friday | get on a bus | go to Conway | on Friday we're going to get on a bus and go to Conway

(4)　a beautiful castle | a beautiful castle there | there's a beautiful castle there

(5)　visit it | and we're going to visit it

(6)　heard this | when they heard this

(7)　got any questions | Has anybody got any questions?

(8)　how old | How old is the castle?

(9)　about seven hundred years old

(10)　the name of the castle

(11)　came to school | at nine o'clock | got into the bus | the boys came to school at nine o'clock and got into the bus

(12)　Conway Castle | visited Conway Castle | they visited Conway Castle

(13)　came back | went home | then they came back and went home

(14)　said to him | Dave's mother said to him

(15)　got home | when he got home

(16)　the stupid people | built it | near the railway | the stupid people built it too near the railway

10　Give Me a Big Box of Chocolates!

　　John liked chocolates very much, but his mother never gave him any, because they were bad for his teeth, she thought. But John had a very nice grandfather. The old man loved his grandson very much, and sometimes he brought John chocolates when he came to visit him. Then his mother let him eat them because she wanted to make the old man happy.

One evening, a few days before John's seventh birthday, he was saying his prayers in his bedroom before he went to bed. "Please, God," he shouted, "make them give me a big box of chocolates for my birthday on Saturday."

His mother was in the kitchen, but she heard the small boy shouting and went into his bedroom quickly.

"Why are you shouting, John?" she asked her son. "God can hear you when you talk quietly."

"I know," answered the clever boy with a smile, "but Grandfather's in the next room, and he can't."

分解练习 Decomposition Exercises

(1) like chocolates | liked chocolates very much | John liked chocolates very much

(2) gave him | never gave him any | but his mother never gave him any

(3) his teeth | bad for his teeth | she thought | because they were bad for his teeth, she thought

(4) a nice grandfather | a very nice grandfather | but John had a very nice grandfather

(5) the old man | his grandson | loved his grandson | loved his grandson very much | The old man loved his grandson very much

(6) brought John chocolates | sometimes he brought John chocolates

(7) visit him | came to visit him | when he came to visit him

(8) let him | eat them | let him eat them | then his mother let him eat them

(9) make the old man happy | wanted to make the old man happy | because she wanted to make the old man happy

(10) one evening | a few days | John's seventh birthday | a few days before John's seventh birthday | one evening, a few days before John's seventh birthday

(11) say his prayers | in his bedroom | went to bed | he was saying his prayers | he was saying his prayers in his bedroom | he was saying his prayers in his bedroom before he went to bed

(12) a box of chocolates | a big box of chocolates | make them | give me | for my birthday | give me a big box of chocolates | make them give me a big box of chocolates | make them give me a big box of chocolates for my birthday

(13) in the kitchen | his mother was in the kitchen

(14) the small boy | the small boy shouting | heard the small boy shouting | but she heard the small boy shouting

(15) hear you | talk quietly | God can hear you | God can hear you when you talk quietly

(16) the clever boy | with a smile | answered the small boy | answered the small boy with a smile

11　An Artist and a Farmer

An artist went to a beautiful part of the country for a holiday, and stayed with a farmer. Every day he went out with his paints and his brushes and painted from morning to evening, and then when it got dark, he went back to the farm and had a good dinner before he went to bed.

At the end of his holiday he wanted to pay the farmer, but the farmer said, "No, I do not want money—but give me one of your pictures. What is money? In a week it will all be finished, but your painting will still be here."

The artist was very pleased and thanked the farmer for saying such kind things about his paintings.

The farmer smiled and answered, "It is not that. I have a son in London. He wants to become an artist. When he comes here next month, I will show him your picture, and then he will not want to be an artist any more, I think."

分解练习　**Decomposition Exercises**

(1) an artist | a part of the country | a beautiful part of the country | for a holiday | with a farmer | an artist went to a beautiful part of the country | an artist went to a beautiful part of the country for a holiday | an artist went to a beautiful part of the country, and stayed with a farmer

(2) every day | went out | with his paints and his brushes | from morning to evening | every morning he went out | every morning he went out with his paints and his brushes | every morning he went out with his paints and his brushes and painted from morning to evening

(3) got dark | when it got dark

(4) went back | to the farm | had a good dinner | went to bed | he went back to the farm | he went back to the farm and had a good dinner | he went back to the farm and had a good dinner before he went to bed

(5) at the end | of his holiday | pay the farmer | at the end of his holiday | at the end of his holiday he wanted to pay the farmer

(6) want money | do not want money | I do not want money

(7) your pictures | one of your pictures | give me one of your pictures

(8) in a week | all be finished | in a week it will all be finished

(9) thanked the farmer | for saying | such kind things | about his paintings | thanked the farmer for saying such kind things | thanked the farmer for saying such kind things about his paintings

(10) smiled and answered | the farmer smiled and answered

(11) not that | it's not that

(12) a son in London | I have a son in London

(13) become an artist | he wants to become an artist

(14) comes here | next month | show him | your picture | when he comes here next month | when he comes here next month, I will show him your picture

(15) and then | want to be an artist | any more | I think | and then he will not want to be an artist any more

12　What a Language!

First Frenchman: I once heard someone shout, "Look out." I put my head out of a window and a bucketful of water fell on me. It seems that "look out" may mean "Don't look out".

Second Frenchman: I was once on a ship and heard the captain shout, "All hands on deck." I put my hands on the deck and someone walked on them.

Third Frenchman: I once called early on an English friend and the maid who came to the door said, "He's not up yet. Come back in half an hour." When I went again for him, she said, "He's not down yet." I said, "If he's not up and he's not down, where is he?" She said, "He's still in bed. When I say 'He's not up', I mean he has not yet got up, so he has not yet come downstairs."

分解练习　Decomposition Exercises

(1)　heard someone | heard someone shout | look out | I once heard someone shout | I once heard someone shout, "Look out."

(2)　put my head | out of a window | a bucketful of water | fell on me | I put my head out of a window | and a bucketful of water fell on me | I put my head out of a window and a bucketful of water fell on me

(3)　on a ship | heard the captain shout | all hands | on deck | I was once on a ship | I was once on a ship and heard the captain shout | I was once on a ship and heard the captain shout, "All hands on deck."

(4)　put my hands | on the deck | walked on them | I put my hands on the deck | I put my hands on the deck and someone walked on them

(5)　called early on | an English friend | came to the door | I once called early on an English friend | I once called early on an English friend and the maid who came to the door said

(6)　not up | he's not up yet

(7)　come back | in half an hour | come back in half an hour

(8)　went again | for him | when I went again for him

(9)　not down | not down yet | he's not down yet

(10)　in bed | still in bed | he's still in bed

第 15 单元
UNIT 15

对话中的语音和语调

English Pronunciation and
Intonation in Conversations

　　对话和段落一样，也可以用来练习和检验所有的语音知识。但是，对话中的语音、语调比段落中的更复杂，因为对话更贴近日常生活。所以，利用对话进行练习能更好地体会语调功能。学习者在单独练习对话时，可以进行角色转换，将自己置于不同的角色当中。当然，最好是两个人一起练习对话。

　　对话练习和段落练习的过程是一样的，也要划分语块，找到连读与不完全爆破，熟读语块，最重要的是把握语音和语调。一个人练习对话时，对语流和语调的把握可能相对比较容易。若两个人同时练习，就困难一些。只有两个人都非常熟练，才能完全掌握语调，自然、流畅地对话。

1   It's Great to See You.

Clare: Hi Sarah, it's great to see you.

Sarah: Hiya, and you. It's been ages. You look well.

Clare: Thanks, you too. How are you doing?

Sarah: Very well. I've got a new job. I'm teaching at the college.

Clare: Great! You didn't like your old job, did you?

Sarah: No, I hated it. What's your news?

Clare: Well, I'm getting married next year.

Sarah: Congratulations!

2   Do You Know Him?

Adam: You know Trevor?

Jon: Uh… No, I don't think so.

Adam: Yes, you do. The guy I sometimes play tennis with. And he runs the café on Broad Street.

Jon: Oh, yes. He's kind of tall and he's got a tattoo. He always wears a dirty leather jacket.

Adam: That's him.

Jon: He looks a bit odd. I don't like the look of him.

Adam: Actually, he's a good laugh. He's very intelligent too. Anyway, he's coming to my party on Friday.

Jon: Oh, OK. Sorry.

3   May I See a Hat, Please?

Mr. Ross: May I see a hat, please?

Salesman: What size do you take?

Mr. Ross: I'm sorry. I don't know.

Salesman: I'll measure you…You take size 6. What colour would you like?

Mr. Ross:　Brown, please.

Salesman:　Here are some nice brown hats. Try this hat on. It's a very good one.

Mr. Ross:　Yes, I like this one. It goes very well with my coat. How much is it?

Salesman:　It's $9.95 (nine dollars and ninety-five cents). Do you want me to put it in a box?

Mr. Ross:　Yes. Thank you.

4　Look Forward to Seeing You.

Steven:　Hello, Steven speaking.

Richard:　Hi, Steven, it's Richard. I'm just phoning to finalise dates for the board meeting. Would you be able to attend on Friday or Monday?

Steven:　OK, let me check my diary… I can make Friday anytime or Monday afternoon. How does that sound?

Richard:　Great. Shall we say Friday at 10 a.m., then?

Steven:　Yes, that's fine.

Richard:　Thanks, Steven. I'll email you directions and details now. Look forward to seeing you then.

Steven:　And you. Thanks. Bye.

Richard:　Bye.

5　Which Bus Shall I Take?

Henry:　Where are you going, Jane?

Jane:　I'm going to the hospital to see Susan.

Henry:　I saw her yesterday. She was a little better.

Jane:　Must I catch Number 7 bus to get there?

Henry:　No, you needn't. Number 13 bus will also take you to the hospital.

Jane:　Number 13 buses run much more frequently, don't they?

Henry:　Yes. I caught Number 7 bus yesterday, and I had to wait for half an hour at the bus stop.

Jane:　Thank you, Henry. I'll get Number 13.

Henry: But Number 13 buses leave from the centre of town. You'll have to walk
two miles to catch one.

6   I Can't Make the Presentation.

Alan: Hi, Sarah. Listen, I can't make the presentation today. I had a car accident
last night.

Sarah: That's awful! Are you OK? Where are you?

Alan: I'm at home now. I got a taxi downtown last night and another car hit us.

Sarah: How frightening! Are you hurt?

Alan: I'm OK, thanks. The ambulance took the taxi driver to hospital. I think he's
OK.

Sarah: That's good news. Why don't you try to relax now and get some sleep? I'll
take care of the presentation.

Alan: Yeah, I will. Thanks, Sarah.

Sarah: Call me if you need anything.

7   How Can I Help You?

Angela: Good morning, custom service. Angela speaking. How can I help you?

Jim: Good morning. I'm phoning to complain about the flight I was on yester-
day.

Angela: Oh, I'm sorry to hear that. Can you explain the problems to me?

Jim: Well, the first problem was that there was a delay at the airport. Then we
boarded the plane and the screen in front of my seat didn't work. The
stewards were really unhelpful too. Then finally, when the flight landed,
we waited for our luggage but it didn't arrive.

Angela: Oh, I'm sorry to hear that. Our aim is to give excellent custom service to
all our passengers and I'm so sorry we let you down.

Jim: Well, yes, I'm very annoyed.

Angela: If you give me your details, I'll investigate your lost luggage.

Jim: Oh, thank you. That's great. I appreciate your help.

8　That Sounds Great.

Rob:　What's up? Are you OK?

Bella:　No, not really. It's my job. I'm not enjoying it and I didn't get the promotion.

Rob:　Oh dear. Why don't you talk to your boss and ask for his advice?

Bella:　I tried. He's not very helpful. He said he was busy and didn't have time to talk.

Rob:　Well, you need try again. You should tell him it's important.

Bella:　I don't see the point. He gave the promotion to Sam, my colleague.

Rob:　Oh. If I were you, I'd look for another job. Why don't we look online at vacancies and get some ideas?

Bella:　Yeah. That sounds great. Thanks for listening to me.

9　It's Pretty Easy.

Clare:　Did you go to that talk? You know, the one about summer jobs in France?

Andrew:　Actually, yes. I applied yesterday and I've got an interview next week! Isn't that great?

Clare:　I suppose so, but shouldn't you think about it first? What I mean is, there are lots of things to find out: application forms, visas, accommodation, qualifications and training.

Andrew:　Maybe, but the university organises everything. It's pretty easy.

Clare:　But what about living in another country? Or speaking another language? Are you worried about that? I would be really nervous.

Andrew:　I know what you mean, but they hve a residential course in the first week, so we can make friends and improve our French.

10　Do You Have Any Tickets Left?

Pat:　Hello. Do you have any tickets left for the concert tonight?

Clerk:　Hmmm, let me check. Yes, there are a few tickets.

Pat: Brilliant. How much are they?

Clerk: The best seats are £85 each.

Pat: That's very expensive. Are there any cheaper ones?

Clerk: We have two at £60. They're near the back of the stadium.

Pat: That's fine. I'll take those, please.

Clerk: Certainly. That's £120 please.

Pat: Here you are.

Clerk: Thank you. Enter your PIN when you're ready. Thank you. Here's your receipt and here are your tickets. Doors open at 7:45 p.m. Have a good night.

Pat: Thank you.

参考书目 References

Ashton, Helen, and Sarah Shepherd. *Work on Your Accent*. London: Harper Collins Publishers, 2012.

Baker, Ann. *Ship or Sheep? An Intermediate Pronunciation Course*. Cambridge: Cambridge University Press, 2007.

Baker, Ann, and Sharon Goldstein. *Pronunciation Pairs:An introduction to the Sounds of English*. Cambridge: Cambridge University Press, 2008.

Collins, Beverly, and Inger Mees. *Practical Phonetics and Phonology:A Resource Book for Students*. New York: Routledge, 2009.

Cook, Ann. *American Accent Training*. New York: Barron's Educational Series, Inc., 2012.

Esarey, Gary. *Pronunciation Exercises for English as a Second Language*. Michigan: The University of Michigan Press, 1996.

Grant, Linda. *Well Said: Pronunciation for Clear Communication*. 2nd ed. Singapore: Cengage Learning, 2001.

Hancock, Mark. *English Pronunciation in Use (Intermediate)*. Cambridge: Cambridge University Press, 2007.

Hewings, Martin. *English Pronunciation in Use (Advanced)*. Cambridge: Cambridge University Press, 2007.

Kelly, Gerald. *How to Teach Pronunciation*. England: Pearson Education Ltd., 2000.

Marks, Jonathan. *English Pronunciation in Use (Elementary)*. Cambridge: Cambridge University Press, 2007.

Mojsin, Lisa. *Mastering the American Accent*. New York: Barron's Educational Series, Inc., 2009.

Morley, Joan. *Intensive Consonant Pronunciation Practice*. Michigan: The University of Michigan Press, 1992.

O'Connor, Joseph D. *Better English Pronunciation*. 2nd ed. London: Cambridge University Press, 1980.

Piankova, Tamara. *Manual of English Pronunciation*. Beijing: Beijing Language and Culture University Press, 2009.

Sharpe, Edda, and Jan Haydh Rowles. *How to Do Accents*. London: Oberon Books Ltd., 2007.

Sharpe, Edda, and Jan Haydh Rowles. *How to Do Standard English Accents*. London: Oberon Books Ltd., 2012.

Snelling, Rhona. *Speaking*. London: Harper Collins Publishers, 2013.

Tathan, Mark, and Katherine Morton. *A Guide to Speech Production and Perception*. Edinburgh: Edinburgh University Press, 2011.

Wells, John Christopher. *English Intonation: An Introduction*. Cambridge: Cambridge University Press, 2006.

葆青. 实用英语语音. 北京：高等教育出版社，1988.

何善芬. 实用英语语音学. 北京：北京师范大学出版社，1992.

李国芬. 英语语音入门教程. 上海：复旦大学出版社，2016.

李辉，刘学文，李方纪. 新编英语语音教程. 北京：世界图书出版公司，2008.

梁波. 英语语音与听说词汇. 北京：北京大学出版社，2014.

罗敏，刘万宇. 英语语音教程. 北京：外语教学与研究出版社，2011.

马秋武. 英语语音基础教程. 大连：大连海事大学出版社，2009.

孟宪忠. 英语语音学（第三版）. 上海：华东师范大学出版社，2006.

秦小怡，杨键. 英语语音技能教程. 北京：北京语言大学出版社，2009.

宋丹丹等. 大学英语语音教程. 北京：北京大学出版社，2015.

屠蓓. 英语语音. 北京：外语教学与研究出版社，2005.

汪文珍. 英语语音. 上海：上海外语教育出版社，2008.

王桂珍. 英语语音教程（第二版）. 北京：高等教育出版社，2005.

王桂珍. 应用英语语音学. 北京：高等教育出版社，2011.

吴丹，尚梅，马丽. 英语语音教程. 西安：西北工业大学出版社，2012.

吴祯福. 英语初级口语. 北京：外语教学与研究出版社，2010.

许天福，虞小梅，孙万彪. 现代英语语音学. 西安：陕西人民出版社，1985.

张凤桐. 现代英语标准发音. 成都：四川大学出版社，2007.

张冠林，孙静渊. 实用英语语音语调. 北京：外语教学与研究出版社，2001.

张冠林等. 英语语音语调：从零起点到发音王. 北京：外语教学与研究出版
　　社，2010.

张宏卓，王文广. 动感英语国际音标与语音语调（第二版）. 北京：清华大学
　　出版社，2010.

周考成. 英语语音学引论. 成都：四川大学出版社，2002.

周卫京. 英语语音学纲要. 合肥：安徽大学出版社，2009.